HISTOIRE

DE MA VIE.

PARIS, TYPOGRAPHIE DE HENRI PLON,

RUE GARANCIÈRE, 8.

HISTOIRE
DE MA VIE

PAR

GEORGE SAND.

Charité envers les autres;
Dignité envers soi-même;
Sincérité devant Dieu.

Telle est l'épigraphe du livre que j'entreprends.

15 avril 1847.

GEORGE SAND.

TOME TREIZIÈME.

PARIS
VICTOR LECOU, ÉDITEUR,
RUE DU BOULOI, 10.
1855

TROISIÈME PARTIE.
(SUITE.)

CHAPITRE QUATORZIÈME.
(Suite.)

Opinion d'Anna, de Fannelly et de Louise. — Retour et plaisanteries de Mary. — Confession générale. — L'abbé de Prémord. — Le jésuitisme et le mysticisme. — Communion et ravissement. — Le dernier bonnet de nuit. — Sœur Hélène. — Enthousiasme et vocation. — Opinion de Marie Alicia. — Élisa Auster. — Le pharisien et le publicain. — Parallèle de sentiments et d'instincts.

Au bout de quatre ou cinq jours, Anna, remarquant que j'étais silencieuse et absorbée, et que j'allais à l'église tous les soirs, me dit d'un air stupéfait : « Ah çà, mon cher *Calepin*, qu'est-ce à dire? on jurerait que tu deviens dévote! — C'est fait, mon

enfant, lui répondis-je tranquillement. — Pas possible! — Je t'en
donne ma parole d'honneur. — Eh
bien, reprit-elle après avoir réflé-
chi un instant, je ne te dirai rien
pour t'en détourner. Je crois que
ce serait inutile. Tu es une nature
passionnée, je l'ai toujours pensé.
Je ne pourrai pas te suivre sur ce
terrain-là. Je suis une nature plus
froide, je raisonne. J'envie ton bonheur, je t'approuve de ne point
hésiter; mais je ne crois pas que
jamais j'arrive à la foi aveugle. Si
ce miracle s'opérait pourtant, je
ferais comme toi, j'en conviendrais
sincèrement. — M'aimeras-tu moins?
lui demandai-je. — A présent tu
t'en consolerais aisément, reprit-elle.

La dévotion absorbe et dédommage de tout. Mais comme j'ai pour ta sincérité la plus parfaite estime, je resterai ton amie quoi qu'il arrive. » Elle ajouta d'excellentes paroles encore, et se montra toujours pleine de raison, d'affection et d'indulgence pour moi.

Sophie ne prit pas beaucoup garde à mon changement. La diablerie passait de mode. Ma conversion lui portait le dernier coup. Peut-être étions-nous toutes également ennuyées de notre inaction, sans nous l'être avoué les unes aux autres. D'ailleurs Sophie était un diable mélancolique, et parfois elle avait de courts accès de dévotion

mêlés de profondes tristesses qu'elle
ne voulait ni expliquer ni avouer.

Celle que je craignais le plus
d'affliger était Fannelly. Elle m'é-
pargna la peine de lui refuser de
courir davantage avec elle, elle me
prévint. « Eh bien, ma tante, me
dit-elle, te voilà donc rangée? Soit!
Si tu t'en trouves bien, j'en serai
heureuse, et si cela te fait plaisir,
je me rangerai aussi. Je suis capable de devenir dévote pour faire
comme toi et pour être toujours
avec toi. »

Elle l'eût fait comme elle le disait,
cette généreuse et abondante nature,
si cela eût dépendu d'un mouve-

ment de son cœur. Mais ses idées
n'avaient pas la fixité et l'exclusi-
visme des miennes. D'ailleurs parmi
les diables il n'y en avait que deux,
Anna et moi, qui fussions suscep-
tibles de ce qu'on appelait une conversion. Les autres n'avaient jamais
protesté, elles n'étaient pas pieuses,
parce qu'elles étaient dissipées; mais
elles croyaient quand même, et du
jour où la diablerie cessa, elles
furent plus régulières dans leurs
exercices de piété sans devenir dévotes exaltées pour cela.

Anna était *esprit fort*. C'était bien
le mot pour elle, qui avait de l'esprit tout de bon et de la force
dans la volonté. Pour moi, que

l'on qualifiait d'esprit fort aussi, je
n'avais ni force ni esprit. Il n'y
avait de fort en moi que la passion, et quand celle de la religion
vint à éclater, elle dévora tout dans
mon cœur ; rien dans mon cerveau ne lui fit obstacle.

J'ai dit qu'Anna aussi se jeta dans
la piété après son mariage, mais
tant qu'elle resta au couvent, elle
garda son incrédulité. Ma ferveur
me rendit probablement moins
agréable pour elle, et quoiqu'elle
eût la générosité de ne me le faire
jamais sentir, je fus naturellement
entraînée vers d'autres intimités,
comme je le dirai bientôt.

J'étais restée liée avec Louise de

la Rochejaquelein. Elle était encore à la petite classe, parce qu'elle était plus jeune que nous, mais elle était toujours beaucoup plus raisonnable et plus instruite que moi. Je la rencontrai dans les cloîtres peu de jours après ma conversion, et ce fut la seule personne dont j'eus la curiosité de saisir la première impression. Comme elle n'était ni diable, ni bête, ni fervente, son jugement était une chose à part.

« Eh bien, me dit-elle, es-tu toujours aussi désœuvrée, aussi tapageuse? — Que penserais-tu de moi, lui dis-je, si je t'apprenais que je me sens enflammée par la religion? — Je dirais, me répondit-elle, que

tu fais bien et je t'aimerais encore
plus que je ne t'aime. » Elle m'em-
brassa avec une grande effusion de
cœur, et n'ajouta aucun autre en-
couragement, voyant sans doute à
mon air que j'irais plus loin que
ses conseils.

Mary revint d'Angleterre ou d'Irlande dans ce temps-là. Elle avait
grandi de toute la tête, sa figure
avait pris une expression encore plus
mâle, et ses manières étaient plus
que jamais celles d'un garçon naïf,
impétueux et insouciant. Elle rentra
à la petite classe et y ressuscita si
bien la diablerie que ses parents
la reprirent au bout de quelques
mois. Elle se moqua impitoyable-

ment de ma dévotion, et quand
nous nous rencontrions, elle me
poursuivait des sarcasmes les plus
comiques. Elle ne me fâcha pourtant jamais, car elle avait de l'esprit de bon aloi, c'est-à-dire de l'esprit sans amertume et une raillerie
qui divertissait trop pour pouvoir
blesser. Je raconterai dans la suite
de mes mémoires comment nous
nous sommes retrouvées vers l'âge
de quarante ans, nous aimant toujours et nous retraçant avec plaisir
nos jeunes années.

Mais me voici arrivée à un moment où il faut que je parle un
peu de moi isolément, car ma ferveur me fit, pendant quelques mois,

une vie solitaire et sans expansion
apparente.

Ma conversion subite ne me donna
pas le temps de respirer. Tout entière à mon nouvel amour, j'en
voulus savourer toutes les joies. Je
fus trouver mon confesseur pour le
prier de me réconcilier officielle-
ment avec le ciel. C'était un vieux
prêtre, le plus paternel, le plus
simple, le plus sincère, le plus
chaste des hommes, et pourtant c'é-
tait un jésuite, *un père de la foi,*
comme on disait depuis la révolution. Mais il n'y avait en lui que
droiture et charité. Il s'appelait
l'abbé de Prémord, et confessait la
moindre partie du troupeau; l'abbé

de Villèle, qui était le directeur en titre de la communauté et des pensionnaires, ne pouvant suffire à tout.

On nous envoyait à confesse, bon gré, mal gré, tous les mois, usage détestable qui violentait la conscience et condamnait à l'hypocrisie celles qui n'avaient pas le courage de la résistance.

« Mon père, dis-je à l'abbé, vous savez bien comment je me suis confessée jusqu'ici, c'est-à-dire que vous savez que je ne me suis pas confessée du tout. Je suis venue vous réciter une formule d'examen de conscience qui court la classe et qui

est la même pour toutes celles qui
viennent à confesse contraintes et
forcées. Aussi ne m'avez-vous jamais
donné l'absolution, que je ne vous
ai jamais demandée non plus. Aujourd'hui je vous la demande, et je
veux me repentir et m'accuser sérieusement. Mais je vous avoue que
je ne sais pas comment m'y prendre, parce que je ne me souviens
d'aucun péché volontaire; j'ai vécu,
j'ai pensé, j'ai cru comme on me
l'avait enseigné. Si c'était un crime
de nier la religion, ma conscience,
qui était muette, ne m'a avertie de
rien. Pourtant je dois faire pénitence, aidez-moi à me connaître et
à voir en moi-même ce qui est
coupable et ce qui ne l'est pas.

— Attendez, mon enfant, me
dit-il. Je vois que ceci est une confession générale, comme on dit, et
que nous aurons beaucoup à causer.
Asseyez-vous. » Nous étions dans
la sacristie, j'allai prendre une
chaise et lui demandai s'il voulait
m'interroger. « Non pas, me dit-
il, je ne fais jamais de question :
voici la seule que je vous adresse-
rai. Avez-vous donc l'habitude de
chercher vos examens de conscience
dans les formulaires? — Oui, mais
il y a bien des péchés que je ne
sais pas avoir commis, car je n'y
comprends rien. — C'est bien, je
vous défends de jamais consulter
aucun formulaire, et de chercher
les secrets de votre conscience ail-

leurs qu'en vous-même. A présent,
causons. Racontez-moi simplement
et tranquillement toute votre existence, telle que vous vous la rap-
pelez, telle que vous la concevez
et la jugez. N'arrangez rien, ne
cherchez ni le bien ni le mal de
vos actions et de vos pensées, ne
voyez en moi ni un juge ni un
confesseur, parlez-moi comme à un
ami. Je vous dirai ensuite ce que je
crois devoir encourager ou corriger
en vous dans l'intérêt de votre salut, c'est-à-dire de votre bonheur
en cette vie et en l'autre. »

Ce plan me mit bien à l'aise. Je
lui racontai ma vie avec effusion,
moins longuement que je ne l'ai fait

ici, mais avec assez de détails et
de précision cependant pour que ce
récit durât plus de trois heures.
L'excellent homme m'écouta avec
une attention soutenue, avec un intérêt paternel; plusieurs fois je le
vis essuyer ses larmes, surtout quand
j'arrivai à la fin et que je lui expo-
sai simplement comment la grâce
m'avait touchée au moment où je
m'y attendais le moins.

C'était un vrai jésuite que l'abbé
de Prémord, et en même temps
un honnête homme, un cœur sensible et doux. Sa morale était pure,
humaine, vivante pour ainsi dire.
Il ne poussait pas au mysticisme, il
prêchait terre à terre avec une

grande onction et une grande bon-
homie. Il ne voulait pas qu'on s'ab-
sorbât dans le rêve anticipé d'un
monde meilleur, au point d'oublier
l'art de se bien conduire dans celui-ci; voilà pourquoi je dis que
c'était un vrai jésuite, malgré sa
candeur et sa vertu.

Quand j'eus fini de causer, je lui
demandai de me juger et de me
choisir les points où j'étais coupable, afin que, m'agenouillant devant
lui, j'eusse à les rappeler en confession et à m'en repentir pour
mériter une absolution générale.
Mais il me répondit : « Votre confession est faite. Si vous n'avez pas
été éclairée plus tôt de la grâce, ce

n'est pas votre faute. C'est à présent que vous pourriez devenir coupable si vous perdiez le fruit des
salutaires émotions que vous avez
éprouvées. Agenouillez-vous pour recevoir l'absolution, que je vais vous
donner de tout mon cœur. »

Quand il eut prononcé la formule sacramentelle, il me dit :
« Allez en paix, vous pouvez communier demain. Soyez calme et
joyeuse, ne vous embarrassez pas
l'esprit de vains remords, remerciez
Dieu d'avoir touché votre cœur;
soyez toute à l'ivresse d'une sainte
union de votre âme avec le Sau-
veur. »

C'était me parler comme il fal-

2.

lait; mais on verra bientôt que ce
saint quiétisme ne suffisait pas à
l'ardeur de mon zèle et que j'étais
cent fois plus dévote que mon confesseur; ceci soit dit à la louange
de ce digne homme; il avait atteint,
je crois, l'état de perfection et ne
connaissait plus les orages d'un pro-
sélytisme ardent. Sans lui, je crois
bien que je serais ou folle, ou religieuse cloîtrée à l'heure qu'il est.
Il m'a guérie d'une passion déli-
rante pour l'idéal chrétien. Mais en
cela fut-il chrétien catholique, ou
jésuite homme du monde?

Je communiai le lendemain, jour
de l'Assomption, 15 août. J'avais
quinze ans et n'avais pas approché

du sacrement depuis ma première
communion à la Châtre. C'était dans
la soirée du 4 août que j'avais res-
senti ces émotions, ces ardeurs in-
connues que j'appelais ma conversion. On voit que j'avais été droit
au but; j'étais pressée de faire acte
de foi et de rendre, comme on disait, témoignage devant le Seigneur.

Ce jour de véritable première
communion me parut le plus beau
de ma vie, tant je me sentis pleine
d'effusion et en même temps de puissance dans ma certitude. Je ne sais
pas comment je m'y prenais pour
prier. Les formules consacrées ne
me suffisaient pas, je les lisais pour
obéir à la règle catholique, mais j'a-

vais ensuite des heures entières où,
seule dans l'église, je priais d'abondance, répandant mon âme aux pieds
de l'Éternel, et, avec mon âme, mes
pleurs, mes souvenirs du passé, mes
élans vers l'avenir, mes affections,
mes dévouements, tous les trésors
d'une jeunesse embrasée qui se con-
sacrait et se donnait sans réserve à
une idée, à un bien insaisissable, à
un rêve d'amour éternel.

C'était puéril et étroit dans la
forme, cette orthodoxie où je me
plongeais, mais j'y portais le sentiment de l'infini. Et quelle flamme
ce sentiment n'allume-t-il pas dans
un cœur vierge! Quiconque a passé
par là sait bien que nulle affection

terrestre ne peut donner de pareilles
satisfactions intellectuelles. Ce Jésus,
tel que les mystiques l'ont interprété
et refait à leur usage, est un ami,
un frère, un père, dont la présence
éternelle, la sollicitude infatigable,
la tendresse, la mansuétude infinies,
ne peuvent se comparer à rien de
réel et de possible; je n'aime pas
que les religieuses en aient fait leur
époux. Il y a là quelque chose qui doit
servir d'aliment au mysticisme hys-
térique, la plus répugnante des formes que le mysticisme puisse prendre. Cet amour idéal pour le Christ
n'est sans danger que dans l'âge où
les passions humaines sont muettes.
Plus tard il prête aux aberrations
du sentiment et aux chimères de

l'imagination troublée. Nos religieuses anglaises n'étaient pas mystiques
du tout, heureusement pour elles.

L'été se passa pour moi dans la
plus complète béatitude. Je commu-
niais tous les dimanches et quelquefois deux jours de suite. J'en
suis revenue à trouver fabuleuse et
inouïe l'idée matérialisée de manger
la chair et de boire le sang d'un
Dieu; mais que m'importait alors?
Je n'y songeais pas, j'étais sous
l'empire d'une fièvre qui ne raisonnait pas et je trouvais ma joie à
ne pas raisonner. On me disait :
« Dieu est en vous, il palpite
dans votre cœur, il remplit tout
votre être de sa divinité; la grâce

circule en vous avec le sang de vos veines! » Cette identification complète avec la Divinité se faisait sentir à moi comme un miracle. Je brûlais littéralement comme sainte Thérèse; je ne dormais plus, je ne mangeais plus, je marchais sans m'apercevoir du mouvement de mon corps; je me condamnais à des austérités qui étaient sans mérite, puisque je n'avais plus rien à immoler, à changer ou à détruire en moi. Je ne sentais pas la langueur du jeûne. Je portais au cou un chapelet de filigrane qui m'écorchait, en guise de cilice. Je sentais la fraîcheur des gouttes de mon sang, et au lieu d'une douleur c'était une sensation agréable. Enfin je vivais dans l'extase, mon corps était insensible, il n'existait plus. La pensée prenait un développement insolite et impossible. Était-ce même la pensée? Non, les mystiques ne pensent pas. Ils rêvent sans cesse, ils contemplent, ils aspirent, ils brûlent, ils se consument comme des lampes, et ils ne sauraient se rendre compte de ce mode d'existence qui est tout spécial et ne peut se comparer à rien.

Je crains donc d'être peu intelligible pour ceux qui n'ont pas subi cette maladie sacrée, car je me rappelle l'état où j'ai vécu durant quelques mois sans pouvoir bien me le définir à moi-même.

J'étais devenue sage, obéissante et
laborieuse, cela va sans dire. Il ne
me fallut aucun effort pour cela.
Du moment que le cœur était pris,
rien ne me coûtait pour mettre mes
actions d'accord avec ma croyance.
Les religieuses me traitèrent avec
une grande affection; mais, je dois
le dire, sans aucune flatterie et
sans chercher par aucun des
moyens de séduction qu'on reproche aux communautés religieuses
d'exercer envers leurs élèves, à m'in-
spirer plus de ferveur. Leur dévotion était calme, un peu froide
peut-être, digne et même fière.
Hormis une seule, elles n'avaient
ni le don ni la volonté du prosé-
lytisme entraînant, soit que cette

réserve tînt à l'esprit de leur ordre, ou au caractère britannique,
dont elles ne se départaient point.

Et puis, quelles remontrances,
quelles exhortations eût-on pu m'a-
dresser? J'étais si entière dans ma
foi, si logique dans mon enthousiasme! Jamais de tiédeur, jamais
d'oubli, jamais de relâchement possible à un esprit enfiévré comme
était le mien. La corde était trop
tendue pour se détendre d'elle-
même, elle se serait plutôt brisée.

Marie Alicia continua d'être an-
géliquement bonne avec moi. Elle
ne m'aima pas davantage après ma
conversion qu'elle n'avait fait aupa-

ravant, et ce fut une raison pour
moi d'augmenter d'affection pour
elle. En goûtant la douceur de
cette amitié maternelle si pure et
si soutenue, je savourais la perfection de cette âme d'élite qui me
chérissait si bien pour moi-même,
puisqu'elle avait aimé la *pécheresse*,
l'enfant ingouverné et ingouverna-
ble, autant qu'elle aimait la con-
vertie, l'enfant soumis et rangé.

Madame Eugénie, qui m'avait toujours traitée avec une indulgence
qu'on taxait de partialité, devint
plus sévère en même temps que je
devenais plus raisonnable. Je ne
péchais plus que par distraction,
et elle me rabrouait un peu dure-

ment pour cela, quelque involontaires que fussent mes fautes. Un
jour même que, perdue dans mes
rêveries pieuses, je n'avais pas entendu un ordre qu'elle me donnait,
elle m'infligea sans miséricorde la
punition du bonnet de nuit. Le
bonnet de nuit à *sainte Aurore* (les
diables m'appelaient ainsi en riant)!
Ce fut un cri de surprise et un
murmure de stupeur dans toute la
classe. « Vous voyez bien, disait-
on, cette femme bizarre et contre-
disante aime les diables, et depuis
que celui-ci est tombé dans le bé-
nitier, elle ne peut plus le souffrir! » Le bonnet de nuit ne m'af-
fecta pas, j'avais la conscience de
mon innocence, et je sus même gré

à madame Eugénie de ne m'avoir pas
épargnée plus qu'elle n'eût fait d'une
autre en pareil cas. Je ne pensai
pas qu'elle m'aimait moins, car elle
me prouvait sa préférence comme
en cachette. Si j'étais souffrante ou
triste, elle venait le soir dans ma
cellule m'interroger froidement, d'un
ton railleur même; mais c'était de
sa part, beaucoup plus que de la
part de toute autre, cette sollicitude enjouée, cette démarche de venir à moi qu'elle n'a jamais faite
pour aucune autre, que je sache. Je
n'éprouvais pas le besoin de lui ouvrir mon cœur comme avec Marie
Alicia, mais j'étais sensible à la part
d'affection qu'elle pouvait me donner, et je baisais avec reconnais-

sance sa main longue, blanche et
froide.

Ce fut au milieu de ma première
ferveur que je contractai une amitié
qui fut trouvée encore plus bizarre
que celle que je portais à madame
Eugénie, mais qui m'a laissé les
plus doux et les plus chers souvenirs.

Dans la liste de nos religieuses,
j'ai nommé une sœur converse, sœur
Hélène, dont je me suis réservé de
parler amplement quand j'aurais atteint la phase de mon récit où son
existence se mêle à la mienne; m'y
voici arrivée.

Un jour que je traversais le cloî-

tre, je vois une sœur converse assise sur la dernière marche de l'escalier, pâle, mourante, baignée d'une
sueur froide. Elle était placée entre
deux seaux fétides qu'elle descen-
dait du dortoir, et qu'elle allait vi-
der. Leur pesanteur et leur puan-
teur avaient vaincu son courage et
ses forces. Elle était pâle, maigre,
en chemin de devenir phthisique.
C'était Hélène, la plus jeune des
converses, consacrée aux fonctions
les plus pénibles et les plus repous-
santes du couvent. A cause de cela,
elle était un objet de dégoût pour
les pensionnaires recherchées. On
eût frémi de s'asseoir auprès d'elle,
on évitait même de frôler son vê-
tement.

XIII.   3

Elle était laide, d'un type commun, marquée de taches de rous-
seur sur un fond terne et comme
terreux. Et cependant cette laideur
avait quelque chose de touchant;
cette figure calme dans la souffrance avait comme une habitude
et une insouciance du malheur qu'on
ne comprenait pas bien au premier
abord, et qu'on eût pu prendre pour
une indifférence grossière, mais qui
se révélait quand on avait lu dans son
âme, et dont chaque indice venait
confirmer le poëme obscur et rude
de sa pauvre vie. Ses dents étaient
les plus belles que j'aie jamais vues,
blanches, petites, saines et rangées
comme un collier de perles. Quand
on se souhaitait une beauté idéale,

on parlait des yeux d'Eugenia Yz-
quierdo, du nez de Maria Dormer,
des cheveux de Sophie et des dents
de *Sister Helen.*

Quand je la vis ainsi défaillante,
je courus à elle, comme de juste;
je la soutins dans mes bras; je ne
savais que faire pour la secourir.
Je voulais monter à l'ouvroir, appe-
ler quelqu'un. Elle retrouva ses
forces pour m'en empêcher, et, se
levant, elle voulut reprendre son
fardeau et continuer son ouvrage;
mais elle se traînait d'une si piteuse
façon, qu'il ne me fallut pas beaucoup de vertu pour m'emparer de
ses seaux et pour les emporter à
sa place. Je la retrouvai, le balai à

3.

la main et se dirigeant vers l'église.
« Ma sœur, lui dis-je, vous vous
tuez. Vous êtes trop malade pour
travailler aujourd'hui. Laissez-moi
l'aller dire à Poulette pour qu'elle
envoie quelqu'un nettoyer l'église,
et vous irez vous coucher. — Non,
non! dit-elle en secouant sa tête
courte et obstinée, je n'ai pas besoin d'aide; on peut toujours ce
qu'on veut, et je veux mourir en
travaillant. — Mais c'est un suicide,
lui dis-je, et Dieu vous défend de
chercher la mort, même par le
travail. — Vous n'y entendez rien,
reprit-elle. J'ai hâte de mourir,
puisqu'il faut que je meure. Je suis
condamnée par les médecins. Eh
bien, j'aime mieux être réunie à

Dieu dans deux mois que dans six. »

Je n'osai pas lui demander si elle parlait ainsi par ferveur ou par désespoir, je lui demandai seulement si elle voulait consentir à ce que je l'aidasse à nettoyer l'église, puisque c'était l'heure de ma récréation. Elle y consentit en me disant : « Je n'en ai pas besoin, mais il ne faut pas empêcher une bonne âme de faire acte de charité. »

Elle me montra comment il fallait s'y prendre pour cirer le parquet de l'arrière-chœur, pour épousseter et frotter à la serge les stalles des nonnes. Ce n'était pas bien difficile, et je fis un côté de l'hémi-

cycle pendant qu'elle faisait l'autre;
mais, toute jeune et forte que j'é-
tais, le travail me mit en nage,
tandis qu'elle, endurcie à la fatigue,
et déjà remise de son évanouisse-
ment, avec l'air d'une mourante et
l'apparente lenteur d'une tortue,
elle vint à bout de sa tâche plus
vite et mieux que moi.

Le lendemain était un jour de
fête; il n'y en avait pas pour elle,
puisque tous les jours exigeaient les
mêmes soins domestiques. Le hasard
me la fit rencontrer encore comme
elle allait faire les lits au dortoir.
Il y en avait trente et quelques.
Elle me demanda d'elle-même si je
voulais l'aider, non pas qu'elle vou-

lût être soulagée de son travail,
mais parce que ma société commençait à lui plaire. Je la suivis par
un mouvement de complaisance qui
eût été bien naturel, quand même
je n'aurais pas été poussée par le
dévouement religieux qui inspire
l'amour de la peine. Quand l'ouvrage fut terminé, et abrégé de
moitié par mon concours, il nous
resta quelques instants de loisir, et
la sœur Hélène, s'asseyant sur un
coffre, me dit : « Puisque vous
êtes si complaisante, vous devriez
bien m'enseigner un peu de français, car je n'en peux pas dire un
mot, et cela me gêne avec les ser-
vantes françaises que j'ai à diriger.
— Cette demande de votre part

me réjouit, lui dis-je. Elle me
prouve que vous ne songez plus à
mourir dans deux mois, mais à vous
conserver le plus longtemps possible. — Je ne veux que ce que
Dieu voudra, reprit-elle. Je ne
cherche pas la mort, je ne l'évite
pas. Je ne peux pas m'empêcher
de la désirer, mais je ne la demande pas. Mon épreuve durera
tant qu'il plaira au Seigneur. — Ma
bonne sœur, lui dis-je, vous êtes
donc bien sérieusement malade?
— Les médecins prétendent que
oui, répondit-elle, et il y a des moments où je souffre tant que je
crois qu'ils ont raison. Mais, après
tout, je me sens si forte qu'ils
pourraient bien se tromper. Allons!

qu'il en soit comme Dieu voudra! »

Elle se leva en ajoutant : « Voulez-vous venir ce soir dans ma cellule? vous me donnerez la première
leçon. »

J'y consentis à regret, mais sans
hésiter. Cette pauvre sœur m'inspi-
rait, malgré moi, de la répugnance,
non pas elle, mais ses vêtements
qui étaient immondes et dont l'o-
deur me causait des nausées. Et
puis, j'aimais bien mieux mon heure
d'extase, le soir à l'église, que
l'ennui de donner une leçon de
français à une personne fort peu
intelligente et qui ne savait que
fort mal l'anglais.

Je m'y résignai pourtant, et le
soir venu, j'entrai pour la première
fois dans la cellule de sœur Hélène. Je fus agréablement surprise
de la trouver d'une propreté ex-
quise et toute parfumée de l'odeur
du jasmin qui montait du préau
jusqu'à sa fenêtre. La pauvre sœur
était propre aussi; elle avait sa
robe de serge violette neuve; ses
petits objets de toilette bien rangés
sur une table attestaient le soin
qu'elle prenait de sa personne. Elle
vit dans mes yeux ce qui me pré-
occupait. « Vous voilà étonnée, me
dit-elle, de trouver propre et même
recherchée sous ce rapport une
personne qui remplit sans chagrin
les plus viles fonctions. C'est parce

que j'ai horreur de la saleté et
des mauvaises odeurs que j'ai ac-
cepté gaiement ces fonctions - là.
Quand je suis arrivée en France,
j'ai été révoltée de voir des chenets
ternes et des serrures rouillées.
Chez nous, on se mirait dans le
bois des meubles et dans la ferrure
des moindres ustensiles. J'ai cru
que je ne m'habituerais jamais à
vivre dans un pays où l'on était si
négligent. Mais pour faire de la
propreté, il faut toucher à des
choses malpropres. Vous voyez bien
que mon goût devait me faire
prendre l'état qui m'a suggéré l'envie de faire mon salut. »

Elle dit tout cela en riant ; car

elle était gaie comme les personnes
d'un grand courage. Je lui demandai
ce qu'elle était avant d'être religieuse, et elle se mit à me raconter
son histoire en mauvais anglais,
dans un langage simple et rustique
dont il me serait impossible de
rendre la grandeur et la naïveté.
Je ne l'essayerai pas, mais voici la
substance de son récit :

« Je suis une montagnarde écos-
saise ; mon père[1] est un paysan aisé
chargé d'une nombreuse famille.
C'est un homme bon et juste, mais
aussi rude dans sa volonté que cou-

[1] Probablement il était d'origine anglaise, il
s'appelait *Whitehead* (*tête blanche.*)

rageux pour son travail. Je gardais ses troupeaux, je ne m'épargnais pas aux soins du ménage et à la surveillance de mes petits frères et sœurs, qui m'aimaient tendrement; je les aimais de même. J'étais heureuse, j'aimais la campagne, les prés, les animaux. Il ne me semblait pas que je pusse vivre renfermée, seulement dans une ville; je ne pensais pas beaucoup à mon salut. Un sermon que j'entendis changea toutes mes idées et m'inspira un si grand désir de plaire à Dieu que je n'eus plus ni plaisir, ni repos dans ma famille. Ce sermon prêchait le renoncement, la mortification. Je me demandai ce que je pouvais faire de plus agréable

à Dieu et de plus cruel pour moi-
même, et je trouvai que quitter la
campagne, perdre ma liberté, me
séparer pour toujours de ma famille,
serait un véritable martyre pour
moi. Aussitôt j'y fus résolue. J'allai
trouver le prêtre qui avait prêché,
et je lui dis que j'avais la vocation.
Il ne voulut pas me croire et me
conduisit à l'évêque, afin que cet
homme savant dans la religion exa-
minât si ma vocation était véritable. L'évêque me demanda si
j'étais malheureuse chez mes parents,
si j'étais dégoûtée de mon pays,
de mon état, si enfin j'avais quelque
sujet de dépit ou de colère, pour
quitter comme cela tout ce qui me
retenait chez nous. Je lui répondis

que dans ce cas-là ma vocation ne serait pas grande, et que je n'y croyais que parce qu'elle m'imposait les plus grands sacrifices que je pusse m'imaginer. Quand l'évêque m'eut bien interrogée sans me trouver en défaut, il me dit : « Oui, vous avez une grande vocation, mais il faut obtenir le consentement de vos parents. »

» Je retournai chez nous, et je parlai d'abord à mon père; mon père me dit que si je retournais seulement voir les prêtres, il me tuerait. « Eh bien, lui dis-je, j'y retournerai, vous me tuerez, et j'irai au ciel plus tôt : c'est tout ce que je demande. » Ma mère et mes

tantes pleurèrent, et, voyant que je
ne pleurais pas, elles me repro-
chèrent de ne pas les aimer. Cela
me fit beaucoup de peine, comme
vous pouvez croire, mais c'était le
commencement de mon martyre,
et puisque je ne pouvais pas me
faire couper par morceaux ou brûler vive pour l'amour de Dieu, je
devais me contenter d'avoir le cœur
brisé et me réjouir dans cette
épreuve. Je ne fis donc que sourire aux larmes de mes parents,
parce que je souffrais plus qu'eux
encore et que j'étais contente de
souffrir.

» Je retournai voir le prêtre et
l'évêque; mon père me maltraita,

m'enferma dans ma chambre, et
quand vint le jour où je voulus
partir pour entrer en religion, il
m'attacha avec des cordes au pied
d'un lit. Plus on me faisait de peine
et de mal, plus je souhaitais qu'on
m'en fît. Enfin ma mère et une de
mes tantes, voyant que mon père
était furieux, et craignant qu'il ne
me fît mourir, essayèrent de le
faire consentir à mon départ. « Eh
bien, dit-il, qu'elle parte tout de
suite, mais qu'elle emporte ma ma-
lédiction. »

» Il vint me détacher, et quand je
voulus me mettre à ses genoux et
l'embrasser, il me repoussa, refusa
de me dire adieu et sortit. Il avait

bien du chagrin, mon pauvre père.
Il prit son fusil : on aurait dit qu'il
allait se tuer. Mes frères aînés le
suivirent, et quand je fus seule
avec les femmes et les enfants, tous
se mirent à genoux autour de moi
pour me faire renoncer à mon sacrifice. Et moi je riais, et je disais :
« Encore, encore ! vous ne me ferez
jamais souffrir autant que je le
souhaite. »

» Il y avait un petit enfant, l'enfant de ma sœur aînée, un vrai
chérubin, que j'avais élevé particulièrement, qui était toujours pendu
à ma robe, aux champs et dans la
maison. On savait que j'étais folle
de cet enfant-là. On le mit sur

mes genoux, il pleurait et m'em-
brassait. Je me levai pour le mettre
à terre. Je pris mon paquet et
marchai vers la porte. L'enfant
courut au-devant de moi, et se
couchant sur le seuil il me dit :
« Puisque tu veux me quitter, tu
me marcheras sur le corps. » Je
remerciai Dieu de ce qu'il ne m'é-
pargnait rien, et je passai par-dessus l'enfant. Pendant bien longtemps
j'entendis ses cris et les sanglots de
ma mère, de mes tantes, de mes
sœurs et de tous les petits, qu'on
retenait pour les empêcher de courir
après moi. Je me retournai et leur
montrai le ciel en élevant un bras
au-dessus de ma tête. Ma famille
n'était pas impie. Il se fit un grand

4.

silence. Alors je me remis à marcher, et ne me retournai plus que
quand je fus assez loin pour n'être
point vue. Je regardai le toit de la
maison et la fumée. Je fus forcée
de m'asseoir un instant, mais je ne
pleurai pas, et j'arrivai auprès de
l'évêque aussi tranquille que je le
suis maintenant. Il me confia à des
dames pieuses qui m'envoyèrent ici,
parce qu'elles craignaient que mon
père ne vînt me reprendre de force
si on me laissait dans mon pays.
Voilà mon histoire. Elle n'est pas
bien longue, ni bien dite, mais je
ne sais pas m'expliquer mieux. »

Cette histoire simple et terrible
acheva de me monter la tête pour

la religion et m'inspira tout à coup pour la sœur Hélène une prédilection enthousiaste. Je vis en elle une sainte des anciens jours, rude, ignorante des délicatesses de la vie et des compromis de cœur avec la conscience, une fanatique ardente et calme comme Jeanne d'Arc ou sainte Geneviève. C'était, par le fait, une mystique, la seule, je crois, qu'il y eût dans la communauté : aussi n'était-elle pas Anglaise.

Frappée comme d'un contact électrique, je lui pris les mains et m'écriai : « Vous êtes plus forte dans votre simplicité que tous les docteurs du monde, et je crois que vous me montrez, sans y songer, le

chemin que j'ai à suivre. Je serai
religieuse ! — Tant mieux ! me dit-
elle avec la confiance et la droiture
d'un enfant : vous serez sœur converse avec moi, et nous travaillerons
ensemble. »

Il me sembla que le ciel me parlait par la bouche de cette inspi-
rée. Enfin j'avais rencontré une
véritable sainte comme celles que
j'avais rêvées. Mes autres nonnes
étaient comme des anges terrestres,
qui, sans lutte et sans souffrances,
jouissaient par anticipation du calme
paradisiaque. Celle-ci était une créature plus humaine et plus divine en
même temps. Plus humaine, parce
qu'elle souffrait ; plus divine, parce

qu'elle aimait à souffrir. Elle n'avait
pas cherché le bonheur, le repos,
l'absence de tentations mondaines,
la liberté du recueillement dans le
cloître. Les séductions du siècle!
pauvre fille des champs nourrie
dans de grossiers labeurs, elle ne les
connaissait pas. Elle n'avait rêvé et
accompli qu'un martyre de tous les
jours, elle l'avait envisagé avec la
logique sauvage et grandiose de la
foi primitive. Elle était exaltée jusqu'au délire sous une apparence
froide et stoïque. Quelle nature puissante! Son histoire me faisait fris-
sonner et brûler. Je la voyais aux
champs, écoutant, comme notre
grande pastoure, les voix mystérieuses
dans les branches des chênes et

dans le murmure des herbes. Je la
voyais passant par-dessus le corps
de ce bel enfant dont les larmes
tombaient sur mon cœur et pas-
saient dans mes yeux. Je la voyais
seule et debout sur le chemin,
froide comme une statue et le cœur
percé cependant des sept glaives de
la douleur, élevant sa main hâlée
vers le ciel et réduisant au silence,
par l'énergie de sa volonté, toute
cette famille gémissante et frappée
de respect.

« O sainte Hélène, me disais-je
en la quittant, vous avez raison,
vous êtes dans le vrai, vous! vous
êtes d'accord avec vous-même. Oui!
quand on aime Dieu de toutes ses

forces, quand on le préfère à toutes choses, on ne s'endort point en
chemin; on n'attend pas ses ordres, on les prévient; on court au-
devant des sacrifices. Oui! vous
m'avez embrasée du feu de votre
amour, et vous m'avez montré la
voie. Je serai religieuse; ce sera le
désespoir de mes parents, le mien
par conséquent. Il faut ce déses-
poir-là pour avoir le droit de dire
à Dieu : « Je t'aime! » Je serai religieuse et non pas *dame de chœur*,
vivant dans une simplicité recherchée et dans une béate oisiveté. Je
serai sœur converse, servante écra-
sée de fatigue, balayeuse de tombeaux, porteuse d'immondices; tout
ce qu'on voudra, pourvu que je

sois oubliée après avoir été mau-
dite par les miens; pourvu que, dé-
vorant l'amertume de l'immolation,
je n'aie que Dieu pour témoin de
mon supplice et que son amour
pour ma récompense. »

Je ne tardai pas à confier à
Marie Alicia mon projet d'entrer en
religion. Elle n'en fut point enivrée.
La digne et raisonnable femme me
dit en souriant : « Si cette idée
vous est douce, nourrissez-la, mais
ne la prenez pas trop au sérieux.
Il faut être plus fort que vous ne
pensez pour mettre à exécution
une chose difficile. Votre mère
n'y consentira pas volontiers, votre
grand'mère encore moins. Elles

diront que nous vous avons entraînée, et ce n'est pas du tout
notre intention ni notre manière
d'agir. Nous ne caressons point les
vocations au début, nous les at-
tendons à leur entier développement. Vous ne vous connaissez pas
encore vous-même. Vous croyez
qu'on mûrit du jour au lendemain;
allons, allons, *ma chère sœur*, il pas-
sera encore de l'eau sous le pont
avant que vous signiez cet écrit-là. »
Et elle me montrait la formule de
ses vœux, écrite en latin dans un
petit cadre de bois noir au-dessus
de son prie-Dieu. Cette formule,
contraire à la législation française,
était un engagement éternel; on le
signait à une petite table sur la-

quelle, au milieu de l'église, on
posait le saint sacrement.

Je souffrais bien un peu des
doutes de madame Alicia sur mon
compte; mais je me défendais de
cette souffrance comme d'une révolte de mon orgueil. Seulement je
persistais à croire, sans en rien
dire, que la sœur Hélène avait une
plus grande vocation. Marie Alicia
était heureuse, elle le disait sans
affectation et sans emphase, et on
voyait bien qu'elle était sincère. Elle
disait parfois : « Le plus grand
bonheur, c'est d'être en paix avec
Dieu. Je ne l'aurais pas été dans
le monde, je ne suis pas une hé-
roïne, j'ai la crainte et peut-être le

sentiment de ma faiblesse. Le cloître
me sert de refuge et la règle monastique d'hygiène morale; moyen-
nant ces puissants secours, je suis
mon chemin sans trop d'efforts ni
de mérite. »

Ainsi raisonnait cette âme profondément humble, ou, si on l'aime
mieux, cet esprit parfaitement modeste. Elle était d'autant plus forte
qu'elle croyait ne pas l'être.

Qand j'essayais de raisonner avec
elle, à la manière de la sœur
Hélène, elle secouait doucement la
tête : « Mon enfant, me disait-elle,
si vous cherchez le mérite de la
souffrance, vous le trouverez de
reste dans le monde. Croyez bien

qu'une mère de famille, ne fût-ce
que pour mettre ses enfants au
monde, a plus de douleur et de
travail que nous. Je ne regarde pas
la vie claustrale comme un sacrifice
comparable à ceux qu'une bonne
épouse et une bonne mère doit
s'imposer tous les jours. Ne vous
tourmentez donc pas l'esprit, et attendez ce que Dieu vous inspirera
quand vous serez en âge de choisir.
Il sait mieux que vous et moi ce
qui vous convient. Si vous désirez
de souffrir, soyez tranquille, la vie
vous servira à souhait, et peut-être
trouverez-vous, si votre ardeur de
sacrifice persiste, que c'est dans le
monde, et non dans le couvent, qu'il
faut aller chercher votre martyre.

Sa sagesse me pénétrait de respect, et ce fut elle qui me préserva
de prononcer ces vœux imprudents
que les jeunes filles font quelquefois d'avance dans le secret de leur
effusion devant Dieu : serments terribles qui pèsent quelquefois pour
toute la vie sur des consciences ti-
morées, et qu'on ne viole pas, quelque non recevables qu'ils aient été
devant Dieu, sans porter une grave
atteinte à la dignité et à la santé
de l'âme.

Cependant je ne me défendais pas
de l'enthousiasme de sœur Hélène;
je la voyais tous les jours, j'épiais
l'occasion et le moyen de l'aider
dans ses rudes travaux, consacrant

mes récréations de la journée à les
partager, et celles du soir à lui donner des leçons de français dans sa
cellule. Elle avait, je l'ai dit, fort
peu d'intelligence et savait à peine
écrire. Je lui appris plus d'anglais
que de français, car je m'aperçus
bientôt que c'était par l'anglais que
nous eussions dû commencer. Nos
leçons ne duraient guère qu'une demi-heure. Elle se fatiguait vite. Cette
tête si forte avait plus de volonté
que de puissance.

Nous avions donc une demi-heure
pour causer, et j'aimais son entretien, qui était pourtant celui d'un
enfant. Elle ne savait rien, elle ne
désirait rien savoir hors du cercle

étroit où sa vie s'était renfermée.
Elle avait le profond mépris de
toute science étrangère à la vie
pratique qui caractérise le paysan.
Elle parlait mal à froid, ne trouvait pas de mots à son usage, et
ne pouvait pas enchaîner ses idées;
mais quand l'enthousiasme revenait,
elle avait des élans d'une sponta-
néité sublime, des mots d'une pro-
fondeur étrange dans leur concision
enfantine.

Elle ne doutait pas de ma vocation, elle ne cherchait pas à me
retenir et à me faire hésiter dans
mon entraînement; elle croyait à
la force des autres comme à la
sienne propre. Elle ne s'embarras-

sait l'esprit d'aucun obstacle et se
persuadait qu'il serait très-facile de
m'obtenir une dispense pour entrer
dans la communauté en dépit des
statuts de la règle, qui n'admettaient
que des Anglaises, des Écossaises ou
des Irlandaises dans le couvent. J'a-
voue que l'idée d'être religieuse ailleurs qu'aux Anglaises me faisait
frémir, preuve que je n'avais pas
de vocation véritable; et comme je
lui avouais le doute que cette préférence pour notre couvent élevait
en moi, elle me rassurait avec une
adorable indulgence. Elle voulait
trouver ma préférence légitime, et
cette mollesse de cœur n'altérait pas,
suivant elle, l'excellence de ma vocation. J'ai déjà dit quelque part

dans cet ouvrage, à propos de la Tour d'Auvergne, je crois, que le cachet de la véritable grandeur est de ne jamais songer à exiger des autres les grandes choses qu'on s'impose à soi-même. La sœur Hélène, cette créature toute d'instincts sublimes, agissait de même avec moi. Elle avait quitté sa famille et son pays, elle était venue avec joie s'enterrer dans le premier couvent qu'on lui avait désigné, et elle consentait à me laisser choisir ma retraite et *arranger* mon sacrifice. C'était assez, à ses yeux, qu'une personne comme moi, qu'elle regardait comme un grand esprit (parce que je savais ma langue mieux qu'elle ne savait la sienne), acceptât

5.

délibérément l'idée d'être sœur converse au lieu de préférer tenir la classe.

Nous faisions donc des châteaux en Espagne ensemble. Elle me cherchait un nom, celui de Marie-Augustine, que j'avais pris à la confirmation, étant déjà porté par Poulette. Elle me désignait une cellule voisine de la sienne. Elle m'autorisait d'avance à aimer le jardinage et à cultiver des fleurs dans le préau. J'avais conservé le goût de tripoter la terre, et comme j'étais trop grande fille pour faire un petit jardin pour moi-même, je passais une partie des récréations à brouetter du gazon et à dessiner

des allées dans les jardinets des
petites. Aussi il fallait voir quelle
adoration ces enfants avaient pour
moi. On me raillait un peu à la
grande classe. Anna soupirait de
mon abrutissement sans cesser d'être
bonne et affectueuse. Pauline de
Pontcarré, mon amie d'enfance, qui
était entrée au couvent depuis six
mois, disait à sa mère, devant moi,
que j'étais devenue imbécile, parce
que je ne pouvais plus vivre qu'a-
vec la sœur Hélène ou les enfants
de sept ans.

J'avais pourtant contracté une
amitié qui eût dû me relever dans
l'opinion des plus intelligentes, puisque c'était avec la personne la plus

intelligente du couvent. Je n'ai pas
encore parlé d'Élisa Auster, bien
que ce soit une des figures les plus
remarquables de cette série de por-
traits où mon récit m'entraîne. J'ai
voulu la garder pour le joyau prin-
cipal de cette précieuse couronne.

Un Anglais, M. Auster, neveu de
madame Canning, notre supérieure,
avait épousé à Calcutta une belle
Indienne, dont il avait eu grand
nombre d'enfants, douze, peut-être
quatorze. Le climat les avait tous
dévorés dans leur bas âge, excepté un fils, qui s'est fait prêtre,
et deux filles : Lavinia, qui a été ma
compagne à la petite classe; Élisa,
sa sœur aînée, mon amie de la

grande classe, qui est aujourd'hui supérieure d'un couvent de Cork en Irlande.

M. et madame Auster voyant périr tous leurs enfants, dont l'organisation splendide semblait se dessécher tout à coup dans un milieu contraire, et ne pouvant abandonner leurs affaires, firent l'effort de se séparer des trois qui leur restaient. Ils les envoyèrent en Angleterre à madame Blount, sœur de madame Canning. Voilà du moins l'histoire que l'on racontait au couvent. Plus tard j'ai entendu dire autrement : mais qu'importe? Le fait certain, c'est qu'Élisa et Lavinia se rappelaient confusément leur mère

se roulant de désespoir sur le ri-
vage indien tandis que le navire
s'en éloignait à pleines voiles. Mises
au couvent à Cork en Irlande, Élisa
et Lavinia vinrent en France lorsque madame Blount se décida à
venir habiter, avec sa fille et ses
deux nièces, notre couvent des Anglaises. Cette famille avait-elle de la
fortune? Je l'ignore, on ne s'occupait guère de cela parmi les dévotes.
Je crois que le père était encore
aux Indes quand je connus ses filles.
La mère y était à coup sûr, et
n'avait pas vu ses enfants depuis
une douzaine d'années.

Lavinia était une charmante enfant, timide, impressionnable, rou-

gissant à tout propos, d'une douceur
parfaite, ce qui ne l'empêchait pas
d'être un peu diable et fort peu
dévote. Ses tantes et sa sœur la
grondaient souvent. Elle ne s'en
souciait pas énormément.

Élisa était d'une beauté incompa-
rable et d'une intelligence supérieure. C'était le plus admirable
résultat possible de l'union de la
race anglaise avec le type indien.
Elle avait un profil grec d'une pu-
reté de lignes exquises, un teint de
lis et de roses sans hyperbole, des
cheveux châtains superbes, des yeux
bleus d'une douceur et d'une pénétration frappantes, une sorte de
fierté caressante dans la physiono-

mie; le regard et le sourire an-
nonçaient la tendresse d'un ange,
le front droit, l'angle facial fortement accusé, je ne sais quoi de
carré dans une taille magnifique de
proportions, révélaient une grande
volonté, une grande puissance, un
grand orgueil.

Dès son plus jeune âge, toutes
les forces de cette âme vigoureuse
s'étaient tournées vers la piété. Elle
nous arriva sainte, comme je l'ai
toujours connue, ferme dans sa
résolution de se faire religieuse, et
cultivant dans son cœur une seule
amitié exclusive, le souvenir d'une
religieuse de son couvent d'Irlande,
sœur Maria Borgia de Chantal, qui

a toujours encouragé sa vocation, et qu'elle est allée rejoindre plus tard en prenant le voile. La plus grande marque d'amitié qu'elle m'ait donnée, c'est un petit reliquaire que j'ai toujours à ma cheminée, et qu'elle tenait de cette religieuse. Je lis encore sur l'envers : *M. de Chantal to E.* 1816. Elle y tenait tant qu'elle me fit promettre de ne jamais m'en séparer, et je lui ai tenu parole. Il m'a suivie partout. Dans un voyage, le verre s'est cassé, la relique s'est perdue, mais le médaillon est intact, et c'est le reliquaire lui - même qui est devenu relique pour moi.

Cette belle Élisa était la première

dans toutes les études, la meilleure
pianiste du couvent, celle qui faisait tout mieux que les autres, puisqu'elle y portait à dose égale les
facultés naturelles et la volonté soutenue. Elle faisait tout cela en vue
d'être propre à diriger l'éducation
des jeunes Irlandaises qui lui se-
raient confiées un jour à Cork, car
elle était pour son couvent de
Cork comme moi pour mon couvent des Anglaises. Marie Borgia
était son Alicia et son Hélène. Elle
ne comprenait pas qu'elle pût être
religieuse ailleurs, et sa vocation
n'en était pas moins certaine, puisqu'elle y a persisté avec joie.

Elle avait bien plus raison que

moi en songeant à se rendre utile
dans le cloître. Moi, je suivais les
études avec soumission, avec le plus
d'attention possible; mais, en réalité,
depuis que j'étais dévote, je ne faisais pas plus de progrès que je
n'avais fait de besogne auparavant.
Je n'avais pas d'autre but que celui
de me soumettre à la règle, et mon
mysticisme me commandant d'immoler toutes les vanités du monde,
je ne voyais pas qu'une sœur converse eût besoin de savoir jouer du
piano, dessiner et de connaître l'histoire. Aussi, après trois années de
couvent, en suis-je sortie beaucoup
plus ignorante que je n'y étais entrée. J'y avais même perdu ces
accès d'amour pour l'étude dont je

m'étais sentie prise de temps en
temps à Nohant. La dévotion m'ab-
sorbait bien autrement que n'avait
fait la diablerie. Elle usait toute
mon intelligence au profit de mon
cœur. Quand j'avais pleuré d'adoration pendant une heure à l'église,
j'étais brisée pour tout le reste du
jour. Cette passion répandue à flots
dans le sanctuaire ne pouvait plus
se rallumer pour rien de terrestre.
Il ne me restait ni force, ni élan,
ni pénétration pour quoi que ce
soit. Je m'abrutissais, Pauline avait
bien raison de le dire, mais il me
semble pourtant que je grandissais
dans un certain sens. J'apprenais à
aimer autre chose que moi-même :
la dévotion exaltée a ce grand effet

sur l'âme qu'elle possède, que, du
moins, elle y tue l'amour-propre
radicalement, et si elle l'hébète à
certains égards, elle la purge de
beaucoup de petitesses et de mes-
quines préoccupations.

Quoique l'être humain soit dans
la conduite de sa vie un abîme
d'inconséquences, une certaine logique fatale le ramène toujours à
des situations analogues à celles où
son instinct l'a déjà conduit. Si l'on
s'en souvient, j'étais parfois à Nohant, devant les soins et les leçons
de ma grand'mère, dans la même
disposition de soumission inerte et
de dégoût secret que celle où je
me retrouvais au couvent devant les

études qui m'étaient imposées. A
Nohant, ne pensant qu'à me faire
ouvrière avec ma mère, j'avais mé-
prisé l'étude comme trop aristocratique. Au couvent, ne songeant qu'à
me faire servante avec sœur Hélène,
je méprisais l'étude comme trop
mondaine.

Je ne sais plus comment il m'arriva de me lier avec Élisa. Elle
avait été froide et même dure avec
moi durant ma diablerie. Elle avait
des instincts de domination qu'elle
ne pouvait contenir, et lorsqu'un
diable dérangeait sa méditation à
l'église ou bouleversait ses cahiers à
la classe, elle devenait pourpre; ses
belles joues prenaient même rapide-

ment une teinte violacée, ses sour-
cils, déjà très-rapprochés, s'unissaient
par un froncement nerveux ; elle
murmurait des paroles d'indignation,
son sourire devenait méprisant,
presque terrible ; sa nature impé-
rieuse et hautaine se trahissait. Nous
disions alors que le sang asiatique
lui montait au visage. Mais c'était
un orage passager. La volonté,
plus forte que l'instinct, dominait
cette colère. Elle faisait un effort,
pâlissait, souriait, et ce sourire,
passant sur ses traits comme un
rayon de soleil, y ramenait la douceur, la fraîcheur et la beauté.

Toutefois il fallait la connaître
beaucoup pour l'aimer, et, en gé-

néral, elle était plus admirée que
recherchée.

Quand elle se fit connaître à moi,
ce ne fut point à demi. Elle me
révéla ses propres défauts avec
beaucoup de grandeur et m'ouvrit
sans réserve son âme austère et
tourmentée.

« Nous marchons au même but
par des chemins différents, me
disait-elle. J'envie le tien, car tu y
marches sans effort et tu n'as pas
de lutte à soutenir. Tu n'aimes pas
le monde, tu n'y pressens qu'ennuis
et lassitudes. La louange ne te cause
que du dégoût. On dirait que tu
te laisses glisser du siècle dans le

cloître par une pente facile et que
ton être n'a point d'aspérités qui
te retiennent. Moi, disait-elle (et
en parlant ainsi sa figure rayonnait
comme celle d'un archange), j'ai *un
orgueil de Satan!* Je me tiens dans
le temple comme le pharisien su-
perbe, et il me faut faire un effort
pour me mettre moi-même à la
porte, où je te trouve, toi, endormie
et souriante, à l'humble place du
publicain. J'ai un sentiment de re-
cherche dans le choix de mon sort
futur en religion. Je veux bien
obéir, mais je sens aussi le besoin
de commander. J'aime l'approbation,
la critique m'irrite, la moquerie
m'exaspère. Je n'ai ni indulgence
instinctive ni patience naturelle.

6.

Pour vaincre tout cela, pour m'empêcher de tomber dans le mal cent
fois par jour, il me faut une con-
tinuelle tension de ma volonté.
Enfin, si je surnage au-dessus de
l'abîme de mes passions, j'aurai bien
du mal et il me faudra du ciel
une bien grande assistance. »

Là-dessus elle pleurait et se
frappait la poitrine. J'étais forcée
de la consoler, moi qui me sentais
un atome auprès d'elle. « Il est
possible, lui disais-je, que je n'aie pas
les mêmes défauts que toi, mais
j'en ai d'autres, et je n'ai pas tes
qualités. A brebis tondue, Dieu
ménage le vent. Comme je n'ai pas
ta force, les vives sensations me

sont épargnées. Je n'ai pas de mérite à être humble, puisque par caractère, par position sociale peut-être, je méprise beaucoup de choses qu'on estime dans le monde. Je ne connais pas le plaisir qu'on goûte à la louange; ni ma personne ni mon esprit ne sont remarquables. Peut-être serais-je vaine si j'avais ta beauté et tes facultés: si je n'ai pas le goût du commandement, c'est que je n'aurais pas la persévérance de gouverner quoi que ce soit. Enfin, rappelle-toi que les plus grands saints sont ceux qui ont eu le plus de peine à le devenir.

— C'est vrai! s'écriait-elle. Il y a de la gloire à souffrir, et les ré-

compenses sont proportionnées aux
mérites. » Puis tout à coup laissant
retomber sa tête charmante dans
ses belles mains : « Ah! disait-elle en
soupirant, ce que je pense là est
encore de l'orgueil! Il s'insinue en
moi par tous les pores et prend
toutes les formes pour me vaincre.
Pourquoi est-ce que je veux trouver
de la gloire au bout de mes com-
bats, et une plus haute place dans
le ciel que toi et la sœur Hélène?
En vérité, je suis une âme bien
malheureuse. Je ne peux pas m'oublier et m'abandonner un seul
instant. »

C'est dans de telles luttes inté-
rieures que cette vaillante et austère

jeune fille consumait ses plus brillantes années; mais il semblait que
la nature l'eût formée pour cela,
car plus elle s'agitait, plus elle était
resplendissante d'embonpoint, de
couleur et de santé.

Il n'en était pas ainsi de moi.
Sans lutte et sans orage, je m'é-
puisais dans mes expansions dévotes.
Je commençais à me sentir malade,
et bientôt le malaise physique changea la nature de ma dévotion.
J'entre dans la seconde phase de
cette vie étrange.

CHAPITRE QUINZIÈME.

Le cimetière. — Mystérieux orage contre sœur Hélène.
— Premiers doutes instinctifs. — Mort de la mère
Alippe. — Terreurs d'Élisa. — Second mécontente-
ment intérieur. — Langueurs et fatigues. — La maladie des scrupules. — Mon confesseur me donne
pour pénitence l'ordre de m'amuser. — Bonheur
parfait. — Dévotion gaie. — Molière au couvent. —
Je deviens auteur et directeur des spectacles. — Succès inouï du *Malade imaginaire* devant la communauté. — Jane. — Révolte. — Mort du duc de
Berry. — Mon départ du couvent. — Mort de madame Canning. — Son administration. — Élection de
madame Eugénie. — Décadence du couvent.

J'avais passé plusieurs mois dans la béatitude, mes jours s'écoulaient comme des heures. Je jouissais d'une liberté absolue depuis que je n'étais plus d'humeur à en abuser. Les religieuses me menaient avec elles dans tout le couvent, dans l'ouvroir, où

elles m'invitaient à prendre le thé;
dans la sacristie, où j'aidais à ranger et à plier les ornements d'au-
tel; dans la tribune de l'orgue, où
nous répétions les chœurs et motets; dans la *chambre des novices*,
qui était une salle servant d'école
de plain-chant; enfin dans le cimetière, qui était le lieu le plus in-
terdit aux pensionnaires. Ce cimetière, placé entre l'église et le mur
du jardin des Écossais, n'était qu'un
parterre de fleurs sans tombes et
sans épitaphes. Le renflement du
gazon annonçait seul la place des
sépultures. C'était un endroit délicieux, tout ombragé de beaux arbres, d'arbustes et de buissons luxu-
riants. Dans les soirs d'été, on y

était presque asphyxié par l'odeur
des jasmins et des roses; l'hiver,
pendant la neige, les bordures de
violettes et les roses du Bengale
souriaient encore sur ce linceul
sans tache. Une jolie chapelle rustique, sorte de hangar ouvert qui
abritait une statue de la Vierge, et
qui était toute festonnée de pampres
et de chèvrefeuille, séparait ce coin
sacré de notre jardin, et l'ombrage
de nos grands marronniers se ré-
pandait par-dessus le petit toit de
la chapelle. J'ai passé là des heures
de délices à rêver sans songer à
rien. Dans mon temps de diablerie, quand je pouvais me glisser
dans le cimetière, c'était pour y
recueillir les bonnes balles élasti-

ques que les Écossais perdaient par-
dessus le mur. Mais je ne songeais
même plus aux balles élastiques. Je
me perdais dans le rêve d'une mort
anticipée, d'une existence de sommeil intellectuel, d'oubli de toutes
choses, de contemplations inces-
santes. Je choisissais ma place dans
le cimetière. Je m'étendais là en
imagination pour dormir comme
dans le seul lieu du monde où
mon cœur et ma cendre pussent
reposer en paix.

Sœur Hélène m'entretenait dans
mes songes de bonheur, et pourtant elle n'était pas heureuse, la
pauvre fille. Elle souffrait beau-

coup, quoique sa force physique
eût repris le dessus, et qu'elle fût
en voie de guérison; mais je crois
que son mal était moral. Je crois
qu'elle était un peu grondée, un
peu persécutée pour son mysticisme. Il y avait des soirs où je la
trouvais en pleurs dans sa cellule.
J'osais à peine l'interroger, car à
mon premier mot, elle secouait sa
tête carrée d'un air dédaigneux,
comme pour me dire : « J'en ai
supporté bien d'autres, et vous n'y
pouvez rien. » Il est vrai qu'aussitôt
elle se jetait dans mes bras et pleurait sur mon épaule; mais pas une
plainte, pas un murmure, pas un
aveu ne s'échappa jamais de ses
lèvres scellées.

Un soir que je passais dans le
jardin, au-dessous de la fenêtre de
la chambre de la supérieure, j'entendis le bruit d'une vive alterca-
tion. Je ne pouvais ni ne voulais
saisir le dialogue, mais je recon-
naissais le son des voix. Celle de la
supérieure était rude et irritée, celle
de sœur Hélène navrante et entre-
coupée de gémissements. Dans le
temps où je cherchais le secret de
la *victime*, j'aurais trouvé là ma-
tière à de belles imaginations; je
me serais glissée dans l'escalier,
dans l'antichambre, j'aurais surpris
le mystère dont j'étais avide. Mais
ma religion me défendait d'espion-
ner désormais, et je passai le plus
vite que je pus. Pourtant cette voix

déchirante de ma chère Hélène me
suivait malgré moi. Elle ne paraissait pas supplier, je ne crois pas
que cette robuste nature eût pu se
ployer à cela ; elle semblait protes-
ter énergiquement et se plaindre
d'une accusation injuste. D'autres
voix que je ne reconnus pas semblaient la charger et la reprendre.
Enfin, quand je fus assez loin pour
ne rien entendre clairement, il me
sembla que des cris inarticulés venaient jusqu'à moi à travers les
brises de la nuit et les rires des
pensionnaires en récréation.

Ce fut le premier coup porté à
la sérénité de mon âme? Que se
passait-il donc dans le secret du

chapitre? Étaient-elles injustement
soupçonneuses, étaient-elles impi-
toyables devant une faute, ces nonnes à l'air si doux, aux manières si
tranquilles? Et quelle faute pouvait
donc commettre une sainte comme
la sœur Hélène? N'était-ce pas son
trop de foi et de dévouement qu'on
lui reprochait? Étais-je pour quelque
chose là dedans? Lui faisait-on un
crime de notre sainte amitié? J'avais
entendu distinctement la supérieure
articuler d'une voix courroucée :
« *Shame! shame!* (*Honte! honte!*) »
Ce mot de honte appliqué à une
âme naïve et pure comme celle
d'un petit enfant, à un être véritablement angélique, me froissait comme
une insulte gratuite et cruelle; le

vers de Boileau me revenait sur les
lèvres malgré moi :

Tant de fiel entre-t-il dans l'âme des dévots?

Madame Canning n'était pas un
Tartuffe femelle, bien certainement.
Elle avait des vertus solides, mais
elle était dure et pas très-franche. Je
l'avais éprouvé par moi-même. Où
pouvait-elle avoir puisé dans une âme
béate ce flot de reproches amers
ou de menaces humiliantes que l'ac-
cent de sa voix trahissait à mon
oreille? Je me demandais s'il était
possible, à moins qu'on n'eût une
âme stupide, de ne pas chérir et
admirer sœur Hélène; et s'il était
possible, quand on avait de l'estime

7

et de l'affection pour quelqu'un, de
le gronder, de l'humilier, de le faire
souffrir à ce point, même pour son
bien, même en vue de lui faire
faire son salut. « Est-ce une querelle? est-ce une épreuve? me disais-je; si c'est une querelle, elle
est ignoble de formes. Si c'est une
épreuve, elle est odieuse de cruauté. »

Tout à coup j'entendis des cris
(mon imagination troublée me les
fit seule entendre peut-être), un
vertige passa devant mes yeux, une
sueur froide inonda mon corps
tremblant : « On la frappe, on la
martyrise! » m'écriai-je.

Que Dieu me pardonne cette pen-

sée, probablement folle et injuste,
mais elle s'empara de moi comme
une obsession. J'étais dans la grande
allée au fond du jardin, torturée
par ces bruits confus qui semblaient
m'y poursuivre. Je ne fis qu'un
bond jusqu'à la cellule de sœur
Hélène; je croirais volontiers que
mes pieds ne m'y portaient pas,
tant il me sembla voler aussi rapidement que ma pensée. Si je n'a-
vais pas trouvé Hélène dans sa cellule, je crois que j'aurais été la
chercher dans celle de la supérieure.

Hélène venait de rentrer : sa figure était bouleversée, son visage
inondé de larmes. Mon premier

mouvement fut de regarder si elle n'avait pas de traces de violences, si son voile n'était pas déchiré ou ses mains ensanglantées. J'étais devenue tout à coup soupçonneuse comme ceux qui passent subitement d'une confiance aveugle à un doute poignant. Sa robe seule était poudreuse comme si elle eût été jetée par terre, ou comme si elle se fût roulée sur le plancher. Elle me repoussa en me disant : « Ce n'est rien, ce n'est rien! je suis fort malade, il faut que je me mette au lit; laissez-moi. »

Je sortis pour lui laisser le temps de se coucher, mais je restai dans le corridor, protégée par l'obscurité,

l'oreille collée à la porte. Elle gé-
missait à me déchirer le cœur. Du
côté de la chambre de la supérieure il y avait de l'agitation. On
ouvrait et on fermait les portes,
j'entendais des frôlements de ro-
bes passer non loin de moi. Cette
incertitude était fantastique, affreuse.
Quand tout fut rentré dans le silence, je revins auprès de la sœur
Hélène.

« Je ne dois pas vous interroger,
lui dis-je, et je sais que vous ne
voudriez pas me répondre; mais
laissez-moi vous assister et vous soigner. » Elle avait la fièvre, disait-
elle, mais ses mains étaient glacées,
et elle était agitée d'un tremble-

ment nerveux. Elle me demanda
seulement à boire; il n'y avait que
de l'eau dans sa cellule. Je courus
malgré elle trouver madame Marie-
Augustine (Poulette), qui demeurait,
je crois, dans le même dortoir[1].
Poulette était l'infirmière en chef,
c'est elle qui avait les clefs et la
surveillance de la pharmacie. Je lui
dis que sœur Hélène était fort malade. Mais quoi! la bonne, la rieuse,
la maternelle Poulette haussa les
épaules d'un air d'insouciance et me
répondit : « Sœur Hélène? bah, bah!

[1] On appelait dortoirs non-seulement la salle
commune de la petite classe, mais aussi les corri-
dors longs, étroits et obscurs qui séparaient les
doubles rangées de cellules fermées.

elle n'est pas bien malade, elle n'a
besoin de rien! »

Révoltée de cette inhumanité, j'allai trouver la sœur Thérèse, la vieille
converse aux alambics, la grande
Irlandaise de la cave à la menthe.
Elle travaillait aussi à la cuisine;
elle pouvait faire chauffer de l'eau,
préparer une tisane. Elle m'ac-
cueillit sans plus de sollicitude que
Poulette. « *Sister Helen!* dit-elle en
riant : *theis in her bad spirits*[1]. »
Elle ajouta pourtant : « Allons, allons, je vais lui faire du tilleul, » et
elle se mit à l'œuvre sans se pres-

---

[1] Sœur Hélène! elle est dans ses vapeurs. Littéralement : *dans ses mauvais esprits.*

ser et en ricanant toujours. Elle
me remit la tisane et un peu
d'eau de menthe en me disant :
« Buvez-en aussi, c'est très-bon pour
le mal d'estomac et pour la folie. »

Je n'en pus rien tirer autre chose,
et je retournai auprès de ma malade, qui était dans le plus complet
abandon. Elle grelottait de froid;
j'allai lui chercher la couverture de
mon lit, et la tisane chaude la ré-
chauffa un peu. On disait la prière
à la classe, on allait se retirer. Je
fus demander à la *Comtesse*, qui véritablement ne me refusait jamais
rien, la permission de veiller sœur
Hélène qui était malade. « Comment? dit-elle d'un air étonné, sœur

Hélène est malade, et il n'y a que
vous pour la soigner? — C'est
comme cela, madame; me le per-
mettez-vous? — Allez, ma très chère,
répondit-elle, tout ce que vous faites ne peut être que fort agréable
à Dieu. » Ainsi me traitait cette
ridicule et excellente personne dont
je m'étais tant moquée, et qui n'a-
vait souci et rancune d'aucune chose
au monde, quand il ne s'agissait pas
de son perroquet et du chat de la
mère Alippe.

Je restai auprès de sœur Hélène
jusqu'au moment où l'on vint fermer les portes de communication
des dortoirs. Elle dormait enfin et
paraissait tranquille quand je la

quittai. Elle avait mortellement souffert pendant quelques heures, et il
lui était arrivé de dire en se tor-
dant sur son lit : « On ne peut
donc pas mourir! » Mais pas une
plainte contre qui que ce fût ne
lui était échappée, et le lendemain
je la trouvai au travail, souriante
et presque gaie. C'était la bienfai-
sante mobilité de l'enfant unie à
la résignation et au courage d'une
sainte.

Cette mystérieuse aventure avait
laissé en moi plus de traces qu'en
elle; je vis bien, aux manières des
religieuses avec moi et à la liberté
qu'on me laissait de la voir à toute
heure du jour, que je n'étais pour

rien dans l'orage qui avait passé sur
sa tête. Mais je n'en restai pas
moins pensive et brisée, non pas
ébranlée dans ma foi, mais troublée dans mon bonheur et dans ma
confiance.

Vers ce même temps, je crois,
la mère Alippe mourut d'un catar-
rhe pulmonaire endémique, qui mit
aussi en danger la vie de la supérieure et de plusieurs autres religieuses. Je n'avais jamais été particulièrement liée avec la mère
Alippe; pourtant je l'aimais beaucoup; j'avais pu apprécier, à la petite classe, la droiture et la justice
de son caractère. Elle fut fort re-
grettée, et sa mort presque subite

(après quelques jours de maladie seulement) fut accompagnée de circonstances déchirantes. Sa sœur Poulette, qui la soignait et qui avait aussi, comme infirmière, à soigner les autres et la supérieure, montra un courage admirable dans sa douleur, au point de tomber évanouie et comme morte elle-même dans l'infirmerie, au milieu de ses fonctions, le jour de l'enterrement de mère Alippe.

Cet enterrement fut beau de tristesse et de poésie : les chants, les larmes, les fleurs, la cérémonie dans le cimetière, les pensées plantées immédiatement sur sa tombe et que nous nous hâtâmes de cueillir pour

nous les partager, la douleur profonde et résignée des religieuses,
tout sembla donner un caractère de
sainteté et comme un charme secret à cette mort sereine, à cette
séparation d'un jour, comme disait
la bonne et courageuse Poulette.

Mais j'avais été violemment troublée par une circonstance incom-
préhensible pour moi. Nous avions
appris la mort de la mère Alippe
le matin en sortant de nos cellules. On s'abordait tristement, on
pleurait, on était triste, mais
calme, car dès la veille la digne
créature était condamnée et était
entrée dans son agonie. On nous

avait caché cette lutte suprême,
mais sans nous laisser d'espoir. Par
un sentiment de respect pour le
repos de l'enfance, ces tristes heures s'étaient écoulées sans bruit.
Nous n'avions entendu ni son de
cloche, ni prières des agonisants.
Le lugubre appareil de la mort
nous avait été voilé. Nous nous
mîmes en prières. C'était par une
matinée froide et brumeuse. Un
jour terne se glissait sur nos têtes
inclinées. Tout à coup, au milieu
de l'*Ave, Maria,* un cri déchirant,
horrible, part du milieu de nous :
tout le monde se lève épouvanté.
Élisa seule ne se lève pas, elle
tombe par terre et se roule, en
proie à des convulsions terribles.

Par un effort de sa volonté, elle
fut debout pour aller entendre la
messe, mais elle y fut reprise des
mêmes crises nerveuses, et obligée
de sortir. Toute la journée, elle fut
plus morte que vive; le lendemain
et les jours suivants, il lui échap-
pait un cri strident, au milieu de
ses méditations ou de ses études;
elle promenait des yeux hagards autour d'elle, elle était comme poursui-
vie par un spectre.

Comme elle ne s'expliquait pas,
nous attribuâmes d'abord cette commotion physique au chagrin; mais
pourquoi ce chagrin violent, puisqu'elle n'était pas plus liée d'amitié particulière avec la mère Alippe

que la plupart d'entre nous? Elle
m'expliqua ce qu'elle souffrait aussitôt que nous fûmes seules : sa
chambre n'était séparée que par une
mince cloison de l'alcôve de la petite infirmerie où la mère Alippe
était morte. Pendant toute la nuit,
elle avait, pour ainsi dire, assisté
à son agonie. Elle n'avait pas perdu
un mot, un gémissement de la
moribonde, et le râle final avait
exercé sur ses nerfs irritables un
effet sympathique. Elle était forcée
de se faire violence pour ne pas
l'imiter en racontant cette nuit d'angoisses et de terreurs. Je fis mon
possible pour la calmer; nous avions
une prière à la Vierge qu'elle aimait à dire avec moi dans ses heu-

res de souffrance morale. C'était
une prière en anglais qui lui venait de sa chère madame de Borgia et qu'il ne fallait pas dire seule,
selon la pensée fraternelle du christianisme primitif, exprimée par cette
parole : « Je vous le dis en vérité, là où vous serez trois réunis
en mon nom, je serai au milieu de
vous. » Faute d'une troisième compagne aussi assidue que nous à ces
pratiques d'une dévotion particulière, nous la disions à nous deux.
Élisa avait un prie-Dieu dans sa cellule, qui était arrangée comme celle
d'une religieuse. Nous allumions un
petit cierge de cire bien blanche,
au pied duquel nous déposions un
bouquet des plus belles fleurs que

8.

nous pouvions nous procurer. Ces
fleurs et cette cire vierge étaient
exclusivement consacrées comme of-
frandes dans cette prière. Élisa aimait ces pratiques extérieures de la
dévotion, elle y attachait de l'importance, elle leur attribuait des influences secrètes pour la guérison
des peines morales qu'elle éprouvait souvent. Elle chérissait les formules.

Je pensais bien qu'elle matériali-
sait un peu son culte, et cela me
faisait l'effet d'un amusement naïf
et tendre ; mais je le partageais par
affection pour elle plus que par
goût. Je trouvais toujours que la
seule vraie prière était l'*oraison men-*

tale, l'effusion du cœur sans paroles, sans phrases, et même sans idées. Élisa aimait tout dans la dévotion, le fond et la forme. Elle avait le goût des *patenôtres*. Il est vrai qu'elle y savait répandre la poésie qui était en elle.

Néanmoins, l'oraison de madame Borgia ne la calma qu'un instant, et elle m'avoua qu'elle se sentait assaillie de terreurs involontaires et inexplicables. Le fantôme de la mort s'était dressé devant elle dans toute son horreur; cette riche et vivante organisation frissonnait d'épouvante devant l'idée de la destruction. A toute heure elle offrait sa vie à Dieu, et certes elle était

d'une trempe à ne pas reculer
devant la résolution du martyre.
Mais la souffrance et la mort, lorsqu'elles se matérialisaient devant ses
yeux, ébranlaient trop fortement son
imagination ; cette âme si forte avait
les nerfs d'une femmelette. Elle se
le reprochait et n'y pouvait rien.

Je ne saurais dire pourquoi cela
me déplut. J'étais en humeur de
désenchantement ; je trouvai étrange
et fâcheux que ma sainte Élisa, le
type de la force et de la vaillance,
fût agitée et troublée devant une
chose aussi auguste, aussi solennelle
que la mort d'un être sans péché.
Je n'avais jamais eu peur de la
mort en général. Ma grand'mère me

l'avait fait envisager avec un calme
philosophique dont je retrouvais
l'emploi en face de la mort chrétienne, moins froide et tout aussi
sereine que celle du stoïque. Pour
la première fois, cela m'apparut
comme quelque chose de sombre, à
travers l'impression maladive d'Élisa.
Tout en la blâmant en moi-même
de ne pas l'envisager comme je l'entendais, je sentis sa terreur devenir
contagieuse, et, le soir, comme je
traversais le dortoir où reposait la
morte, j'eus comme une hallucination; je vis passer devant moi
l'ombre de la mère Alippe avec sa
robe blanche qu'elle secouait et agitait sur le carreau. J'eus peine à
retenir un cri comme ceux que

jetait Élisa. Je m'en défendis, mais j'eus honte de moi-même. Je m'accusai de cette vaine terreur comme d'une impiété, et je me sentis presque aussi mécontente d'Élisa que de moi-même.

Au milieu de ces désillusions que je refoulais de mon mieux, la tristesse me prit. Un soir j'entrai dans l'église et ne pus prier. Les efforts que je fis pour ranimer mon cœur fatigué ne servirent qu'à l'abattre davantage. Je me sentais malade depuis quelque temps, j'avais des spasmes d'estomac insupportables, plus de sommeil, ni d'appétit. Ce n'est pas à quinze ans qu'on peut supporter impunément les austérités

auxquelles je me livrais. Élisa en
avait dix-neuf, sœur Hélène en
avait vingt-huit. Je faiblissais visible-
ment sous le poids de mon exaltation. Le lendemain de cette soirée,
qui faisait un pendant si affligeant
à ma veillée du 4 août, je me levai
avec effort; j'eus la tête lourde et
distraite à la prière. La messe me
trouva sans ferveur. Il en fut de
même le soir. Le jour suivant, je
fis de tels efforts de volonté que je
ressaisis mon émotion et mes transports. Mais le lendemain fut pire.
La période de l'effusion était épui-
sée, une lassitude insurmontable
m'écrasait. Pour la première fois
depuis que j'étais dévote, j'eus comme
des doutes, non pas sur la religion,

mais sur moi-même. Je me persuadai que la grâce m'abandonnait. Je me rappelai cette terrible parole : « *Il y a beaucoup d'appelés, peu d'élus.* » Enfin, je crus sentir que Dieu ne m'aimait plus, parce que je ne l'aimais pas assez. Je tombai dans un morne désespoir.

Je fis part de mon mal à madame Alicia. Elle en sourit et me voulut démontrer que c'était une mauvaise disposition de santé, à l'effet de laquelle il ne fallait pas attacher trop d'importance.

« Tout le monde est sujet à ces défaillances de l'âme, me dit-elle. Plus vous vous en tourmenterez,

plus elles augmenteront. Acceptez-
les en esprit d'humilité, et priez
pour que cette épreuve finisse; mais
si vous n'avez commis aucune faute
grave, dont cette langueur soit le
juste châtiment, patientez, espérez et
priez! »

Ce qu'elle me disait là était le
fruit d'une grande expérience philosophique et d'une raison éclairée.
Mais ma faible tête ne sut pas en
profiter. J'avais goûté trop de joie
dans ces ardeurs de la dévotion
pour me résigner à en attendre
paisiblement le retour. Madame
Alicia m'avait dit : « *Si vous n'avez
pas commis quelque faute grave!* » Me
voilà cherchant la faute que j'ai pu

commettre; car de supposer Dieu
assez fantasque et assez cruel pour
me retirer la grâce sans autre mo-
tif que celui de m'éprouver, je n'y
pouvais consentir. « Qu'il m'éprouve
dans ma vie extérieure, je le con-
çois, me disais-je; on accepte, on
cherche le martyre; mais pour cela
la grâce est nécessaire, et s'il m'ôte
la grâce, que veut-il donc que je
fasse? Je ne puis rien que par lui,
s'il m'abandonne, est-ce ma faute? »

Ainsi je murmurais contre l'objet
de mon adoration, et comme une
amante jalouse et irritée, je lui
eusse volontiers adressé d'amers reproches. Mais je frissonnais devant
ces instincts de rébellion, et, me

frappant la poitrine : « Oui, me disais-je, il faut que ce soit ma faute.
Il faut que j'aie commis un crime
et que ma conscience endurcie ou
hébétée ait refusé de m'avertir. »

Et me voilà épluchant ma conscience et cherchant mon péché
avec une incroyable rigueur envers
moi-même, comme si l'on était coupable quand on cherche ainsi sans
pouvoir rien trouver! Alors je me
persuadai qu'une suite de péchés
véniels équivalait à un péché mortel, et je cherchai de nouveau cette
quantité de péchés véniels que j'a-
vais dû commettre, que je commet-
tais sans doute à toute heure, sans
m'en rendre compte, puisqu'il est

écrit que le juste pèche *sept fois
par jour*, et que le chrétien humble
doit se dire qu'il pèche jusqu'à *sep-
tante fois sept fois*.

Il y avait peut-être eu beaucoup
d'orgueil dans mon enivrement. Il
y eut excès d'humilité dans mon
retour sur moi-même. Je ne savais
rien faire à demi. Je pris la funeste
habitude de scruter en moi les petites choses. Je dis funeste, parce
qu'on n'agit pas ainsi sur sa propre
individualité sans y développer une
sensibilité déréglée, et sans arriver
à donner une importance puérile
aux moindres mouvements du sentiment, aux moindres opérations de
la pensée. De là à la disposition

maladive qui s'exerce sur les autres
et qui altère les rapports de l'affection par une susceptibilité trop
grande et par une secrète exigence,
il n'y a qu'un pas, et si un jésuite
vertueux n'eût été à cette époque
le médecin de mon âme, je serais
devenue insupportable aux autres
comme je l'étais déjà à moi-même.

Pendant un mois ou deux, je vé-
cus dans ce supplice de tous les instants, sans retrouver la grâce : c'est-
à-dire la juste confiance qui fait que
l'on se sent véritablement assisté de
l'esprit divin. Ainsi tout mon pénible travail pour retrouver la grâce
ne servait qu'à me la faire perdre
davantage. J'étais devenue ce qu'en

style de dévots on appelait *scrupuleuse.*

Une dévote tourmentée de scrupules de conscience devenait misérable. Elle ne pouvait plus communier sans angoisses, parce que, entre l'absolution et le sacrement, elle ne se pouvait préserver de la crainte d'avoir commis un péché. Le péché véniel ne fait pas perdre l'absolution; un acte fervent de contrition en efface la souillure et permet d'approcher de la sainte table; mais si le péché est mortel, il faut ou s'abstenir, ou commettre un sacrilége. Le remède, c'est de recourir bien vite au directeur, ou, à son défaut, au premier prêtre qui se

peut trouver, pour obtenir une nouvelle absolution! Sot remède, abus
véritable d'une institution dont la
pensée primitive fut grande et sainte,
et qui pour les dévots devient un
commérage, une taquinerie puérile,
une obsession auprès du Créateur
rabaissé au niveau de la créature
inquiète et jalouse. Si un péché
mortel avait été commis au moment ou seulement à la veille de
la communion, ne faudrait-il pas
s'abstenir et attendre une plus longue expiation, une plus difficile ré-
conciliation que celles qui s'opèrent,
en cinq minutes de confession, entre le prêtre et le pénitent? Ah!
les premiers chrétiens ne l'eussent
pas entendu ainsi, eux qui faisaient

à la porte du temple une confession publique avant de se croire lavés de leurs fautes, eux qui se soumettaient à des épreuves terribles, à des années de pénitence. Ainsi entendue, la confession pouvait et devait transformer un être, et faire surgir véritablement l'homme nouveau de la dépouille du vieil homme. Le vain simulacre de la confession secrète, la courte et banale exhortation du prêtre, cette niaise pénitence qui consiste à dire quelque prière, est-ce là l'institution pure, efficace et solennelle des premiers temps?

La confession n'a plus qu'une utilité sociale fort restreinte, parce que le secret qui s'y est glissé a ouvert la porte à plus d'inconvénients que d'avantages pour la sécurité et la dignité des familles. Devenue une vaine formalité pour permettre l'approche des sacrements, elle n'imprime point au croyant un respect assez profond et un repentir assez durable. Son effet est à peu près nul sur les chrétiens tièdes et tolérants. Il est grand, au contraire, sur les fervents; mais c'est à titre de directeur de conscience, et non comme confesseur, que le prêtre agit réellement sur ces esprits-là. Cela est si vrai, qu'on voit souvent ces deux fonctions distinctes et remplies par deux personnes différentes. Dans cette situation, le confesseur est ef-

facé, puisque le directeur décide
de ce qui doit lui être révélé.
Il est comme l'infirmier à qui le
médecin en chef abandonne et pres-
crit les soins vulgaires. De toute
main l'absolution est bonne, mais
le directeur a seul le secret de la
maladie et la science de la guérison.

L'ascendant du confesseur n'est
donc réel que lorsqu'il est en
même temps le directeur de la
conscience. Pour cela il faut qu'il
connaisse l'individu et qu'il le choye
ou le guide assidûment : c'est alors
que le prêtre devient le véritable
chef de la famille, et c'est presque
toujours par la femme qu'il règne,

comme l'a si bien démontré M. Michelet dans un beau livre terrible de vérité. Pourtant, quand le prêtre et le pénitent sont sincères, la confession peut être encore secourable, mais la faiblesse humaine, l'esprit dominateur et intrigant du clergé, la foi perdue au sein de l'Église, plus encore que dans celui de la femme, ont assez prouvé que les bienfaits de cette institution détournée de son but et dénaturée par le laisser aller des siècles sont devenus exceptionnels, tandis que ses dangers et le mal produit habituellement sont immenses.

J'en parle par esprit de justice et d'examen, mon expérience person-

nelle me conduirait à d'autres con-
clusions, si je me renfermais dans
ma personnalité pour juger le reste
du monde. J'eus le bonheur de rencontrer un digne prêtre, qui fut
longtemps pour moi un ami tranquille, un conseiller fort sage. Si
j'avais eu affaire à un fanatique, je
serais morte ou folle, comme je l'ai
déjà dit; à un imposteur, je serais
peut-être athée, du moins j'aurais
pu l'être par réaction pendant un
temps donné.

L'abbé de Prémord fut pendant
quelque temps la dupe généreuse
de mes confessions. Je m'accusais
de froideur, de relâchement, de
dégoût, de sentiments impies, de

tiédeur dans mes exercices de piété,
de paresse à la classe, de distraction à l'église, de désobéissance par
conséquent, et cela, disais-je, toujours, à toute heure, sans contrition
efficace, sans progrès dans ma conversion, sans force pour arriver à
la victoire. Il me grondait bien
doucement, me prêchait la persévérance et me renvoyait en disant :
« Allons, espérons, ne vous décou-
ragez pas ; vous avez du repentir,
donc vous triompherez. »

Enfin, un jour que je m'accusais
plus énergiquement encore, et que
je pleurais amèrement, il m'inter-
rompit au beau milieu de ma confession avec la brusquerie d'un brave

homme ennuyé de perdre son temps.
« Tenez, me dit-il, je ne vous comprends plus et j'ai peur que vous
n'ayez l'esprit malade. Voulez-vous
m'autoriser à m'informer de votre
conduite auprès de la supérieure
ou de telle personne que vous me
désignerez? — Qu'apprendrez-vous
par là? lui dis-je. Des personnes
indulgentes et qui me chérissent
vous diront que j'ai les apparences
de la vertu; mais si le cœur est
mauvais et l'âme égarée, moi seule
puis en être juge, et le bon témoignage que l'on vous portera de moi
ne me rendra que plus coupable.
— Vous seriez donc hypocrite? reprit-il. Eh non, c'est impossible!
Laissez-moi m'informer de vous.

J'y tiens essentiellement. Revenez à quatre heures, nous causerons. »

Je crois qu'il vit la supérieure et madame Alicia. Quand je fus le retrouver, il me dit en souriant : « Je savais bien que vous étiez folle, et c'est de cela que je veux vous gronder. Votre conduite est excellente, vos dames en sont enchantées ; vous êtes un modèle de douceur, de ponctualité, de piété sincère ; mais vous êtes malade, et cela réagit sur votre imagination : vous devenez triste, sombre et comme extatique. Vos compagnes ne vous reconnaissent plus, elles s'étonnent et vous plaignent. Prenez-y garde, si vous continuez ainsi, vous ferez haïr

et craindre la piété, et l'exemple
de vos souffrances et de vos agita-
tions empêchera plus de conversions
qu'il n'en attirera. Vos parents s'in-
quiètent de votre exaltation. Votre
mère pense que le régime du couvent vous tue; votre grand'mère
écrit qu'on vous fanatise et que
vos lettres se ressentent d'un grand
trouble dans l'esprit. Vous savez bien
qu'au contraire on cherche à vous
calmer. Quant à moi, à présent que
je sais la vérité, j'exige que vous
sortiez de cette exagération. Plus
elle est sincère, plus elle est dan-
gereuse. Je veux que vous viviez
pleinement et librement de corps et
d'esprit; et comme dans la maladie
des *scrupules* que vous avez il entre

beaucoup d'orgueil à votre insu
sous forme d'humilité, je vous donne
pour pénitence de retourner aux
jeux et aux amusements innocents
de votre âge. Dès ce soir, vous
courrez au jardin comme les autres,
au lieu de vous prosterner à l'église
en guise de récréation. Vous saute-
rez à la corde, vous jouerez aux
barres. L'appétit et le sommeil vous
reviendront vite, et quand vous ne
serez plus malade physiquement,
votre cerveau appréciera mieux ces
prétendues fautes dont vous croyez
devoir vous accuser. — O mon
Dieu! m'écriai-je, vous m'imposez
là une plus rude pénitence que
vous ne pensez. J'ai perdu le goût
du jeu et l'habitude de la gaieté.

Mais je suis d'un esprit si léger,
que si je ne m'observe à toute
heure, j'oublierai Dieu et mon salut. — Ne croyez pas cela, reprit-il.
D'ailleurs, si vous allez trop loin,
votre conscience, qui aura recouvré
la santé, vous avertira à coup sûr,
et vous écouterez ses reproches.
Songez que vous êtes malade, et
que Dieu n'aime pas les élans fié-
vreux d'une âme en délire. Il préfère un hommage pur et soutenu.
Allons, obéissez à votre médecin.
Je veux que dans huit jours on
me dise qu'un grand changement
s'est opéré dans votre air et dans
vos manières. Je veux que vous
soyez aimée et écoutée de toutes
vos compagnes, non pas seulement

de celles qui sont sages, mais encore (et surtout) de celles qui ne
le sont pas. Faites-leur connaître
que l'amour du devoir est une
douce chose, et que la foi est un
sanctuaire d'où l'on sort avec un
front serein et une âme bienveil-
lante. Rappelez-vous que Jésus voulait que ses disciples eussent les
mains lavées et la chevelure parfumée. Cela voulait dire, n'imitez
pas ces fanatiques et ces hypocrites
qui se couvrent de cendres et qui
ont le cœur impur comme le visage : soyez agréables aux hommes,
afin de leur rendre agréable la doc-
trine que vous professez. Eh bien,
mon enfant, il s'agit pour vous
de ne pas enterrer votre cœur dans

les cendres d'une pénitence mal entendue. Parfumez ce cœur d'une
grande aménité et votre esprit d'un
aimable enjouement. C'était votre
naturel, il ne faut pas qu'on pense
que la piété rend l'humeur farouche.
Il faut que l'on aime Dieu dans ses
serviteurs. Allons, faites votre acte
de contrition et je vous donnerai
l'absolution. — Quoi, mon père, lui
dis-je, je me distrairai, je me dis-
siperai ce soir, et vous voulez que
je communie demain? — Oui vrai-
ment, je le veux, reprit-il, et puisque je vous ordonne de vous amuser
par pénitence, vous aurez accompli
un devoir. — Je me soumets à tout
si vous me promettez que Dieu
m'en saura gré et qu'il me rendra

ces doux transports, ces élans spi-
rituels qui me faisaient sentir et
savourer son amour. — Je ne puis
vous le promettre de sa part, dit-
il en souriant, mais je vous en ré-
ponds, vous verrez. »

Et le bonhomme me congédia,
stupéfaite, bouleversée, effrayée de
son ordonnance. J'obéis cependant,
l'obéissance passive étant le premier
devoir du chrétien, et je reconnus
bien vite qu'il n'est pas fort difficile à quinze ans de reprendre goût
à la corde et aux balles élastiques.
Peu à peu je me remis au jeu avec
complaisance, et puis avec plaisir,
et puis avec passion, car le mouvement physique était un besoin de

mon âge, de mon organisation, et
j'en avais été trop longtemps privée
pour n'y pas trouver un attrait
nouveau.

Mes compagnes revinrent à moi
avec une grâce extrême, ma chère
Fannelly la première, et puis Pauline, et puis Anna, et puis toutes
les autres, les diables comme les
sages. En me voyant si gaie, on
crut un instant que j'allais redeve-
nir terrible. Élisa m'en gronda un
peu, mais je lui racontai, ainsi qu'à
celles qui recherchaient et méri-
taient ma confiance, ce qui s'était
passé entre l'abbé de Prémord et
moi, et ma gaieté fut acceptée

comme légitime et même comme
méritoire.

Tout ce que mon bon directeur
m'avait prédit m'arriva. Je recou-
vrai promptement la santé physique et morale. Le calme se fit
dans mes pensées; en interrogeant
mon cœur, je le trouvai si sincère
et si pur que la confession devint
une courte formalité destinée à me
donner le plaisir de communier. Je
goûtai alors l'indicible bien-être que
l'esprit jésuitique sait donner à chaque nature selon son penchant et
sa portée. Esprit de conduite admirable dans son intelligence du cœur
humain et dans les résultats qu'il
pourrait obtenir pour le bien, si,

comme l'abbé de Prémord, tout
homme qui le professe et le répand
avait l'amour du bien et l'horreur
du mal; mais les remèdes devien-
nent des poisons dans certaines
mains, et le puissant levier de l'é-
cole jésuitique a semé la mort et
la vie avec une égale puissance
dans la société et dans l'Église.

Il se passa alors environ six mois
qui sont restés dans ma mémoire
comme un rêve, et que je ne demande qu'à retrouver dans l'éternité
pour ma part de paradis. Mon esprit était tranquille. Toutes mes
idées étaient riantes. Il ne poussait
que des fleurs dans mon cerveau,
naguère hérissé de rochers et d'épi-

nes. Je voyais à toute heure le ciel
ouvert devant moi, la Vierge et les
anges me souriaient en m'appelant;
vivre ou mourir m'était indifférent.
L'empyrée m'attendait avec toutes
ses splendeurs, et je ne sentais plus
en moi un grain de poussière qui
pût ralentir le vol de mes ailes. La
terre était un lieu d'attente où tout
m'aidait et m'invitait à faire mon
salut. Les anges me portaient sur
leurs mains, comme le prophète,
pour empêcher que, dans la nuit,
mon pied ne heurtât la pierre du che-
min. Je ne priais plus autant que
par le passé, cela m'était défendu;
mais chaque fois que je priais, je
retrouvais mes élans d'amour, moins
impétueux peut-être, mais mille fois

plus doux. La coupable et sinistre
pensée du courroux du Père céleste
et de l'indifférence de Jésus ne se
présentait plus à moi. Je commu-
niais tous les dimanches et à toutes
les fêtes, avec une incroyable sérénité de cœur et d'esprit. J'étais libre
comme l'air dans cette douce et
vaste prison du couvent. Si j'avais
demandé la clef des souterrains on
me l'eût donnée. Les religieuses me
gâtaient comme leur enfant chéri,
ma bonne Alicia, ma chère Hélène,
madame Eugénie, Poulette, la sœur
Thérèse, madame Anne-Joseph, la
supérieure, Élisa, et les anciennes
pensionnaires, et les nouvelles, et la
grande et la petite classe, *je traî-
nais tous les cœurs après moi.* Tant

il est facile d'être parfaitement aimable quand on se sent parfaitement heureux.

Mon retour à la gaieté fut
comme une résurrection pour la
grande classe. Depuis ma conversion
la diablerie n'avait plus battu que
d'une aile. Elle se réveilla sous une
forme tout à fait inattendue; on
devint anodin, diable à l'eau de
rose, c'est-à-dire franchement espiè-
gle, sans esprit de révolte, sans
rupture avec le devoir. On travailla
aux heures de travail, on rit et
on joua aux heures de récréation
comme on n'avait jamais fait. Il n'y
eut plus de coteries, plus de camps
séparés entre les diables, les sages

et les bêtes. Les diables se radoucirent, les sages s'égayèrent, les bêtes prirent du jugement et de la confiance, parce qu'on sut les utiliser et les divertir.

Ce grand progrès dans les mœurs du couvent se fit au moyen des amusements en commun. Nous imaginâmes, entre cinq ou six de la grande classe, d'improviser des charades ou plutôt de petites comédies, arrangées d'avance par *scénarios* et débitées d'abondance. Comme j'avais, grâce à ma grand'mère, un peu plus de littérature que mes camarades et une sorte de facilité à mettre en scène des caractères, je fus l'auteur de la troupe. Je choisis

mes acteurs, je commandai les costumes; je fus fort bien secondée et
j'eus des sujets très-remarquables.
Le fond de la classe, donnant sur le
jardin, devint théâtre aux heures
permises. Nos premiers essais furent
comme le début de l'art à son enfance; la Comtesse les toléra d'a-
bord, puis elle y prit plaisir, et en-
gagea madame Eugénie et madame
Françoise à venir voir s'il n'y avait
rien d'illicite dans ce divertissement.
Ces dames rirent et approuvèrent.

Il se fit rapidement de grands
progrès dans nos représentations.
On nous prêta de vieux paravents
pour faire nos coulisses. Les acces-
soires nous vinrent de toutes parts.

Chacune apporta de chez ses parents
des matériaux pour les costumes.
La difficulté était de s'habiller en
homme. La pudeur et les nonnes
ne l'eussent pas souffert. J'imaginai
le costume Louis XIII, qui conciliait
la décence et la possibilité de s'arranger. Nos jupes froncées en bas
jusqu'à mi-jambes formèrent les
hauts-de-chausses; nos corsages mis
sens devant derrière, un peu arrangés et ouverts sur des mouchoirs
froncés en devant de chemise et
en crevés de manches, formèrent
les pourpoints. Deux tabliers cousus
ensemble firent des manteaux. Les
rubans, perruques, chapeaux et
fanfreluches ne furent pas difficiles
à se procurer. Quand on manquait

de plumes, on en faisait en papier
découpé et frisé. Les pensionnaires
sont adroites, inventives et savent
tirer parti de tout. On nous permit
les bottes, les épées et les feutres.
Les parents en fournirent. Bref, les
costumes furent satisfaisants, et l'on
fut indulgent pour la mise en scène.
On voulut bien prendre une grande
table pour un pont et un escabeau
couvert d'un tapis vert pour un
banc de gazon.

On permit à la petite classe de
venir assister à nos représentations,
et on enrôla quiconque voulut s'en-
gager. La supérieure, qui aimait
beaucoup à s'amuser, nous fit dire
enfin un beau jour qu'elle avait

ouï conter des merveilles de notre théâtre et qu'elle désirait y assister avec toute la communauté. Déjà la Comtesse et madame Eugénie avaient prolongé la récréation jusqu'à dix heures, et puis jusqu'à onze, les jours de spectacle. La supérieure la prolongea pour le jour en question jusqu'à minuit : c'est-à-dire qu'elle voulut un divertissement complet. Sa demande et sa permission furent accueillies avec transport. On se précipita sur moi : « Allons, *l'auteur*, allons, *boute en train* (c'était le dernier surnom qu'on m'avait donné), à l'œuvre! Il nous faut un spectacle admirable; il nous faut six actes, en deux ou trois pièces. Il faut tenir notre public en haleine depuis huit heures jusqu'à minuit. C'est ton affaire, nous t'aiderons pour tout le reste; mais pour cela, nous ne comptons que sur toi. »

La responsabilité qui pesait sur moi était grave. Il fallait faire rire la supérieure, mettre en gaieté les plus graves personnes de la communauté; et pourtant il ne fallait pas aller trop loin, la moindre légèreté pouvait faire crier au scandale et faire fermer le théâtre. Quel désespoir pour mes compagnes! Si j'ennuyais seulement, le théâtre pouvait être également fermé sous prétexte de trop de désordre dans les récréations du soir

et de dissipation dans les études du
jour, et le prétexte n'eût point été
spécieux : car il est bien certain
que ces divertissements montaient
beaucoup de jeunes têtes, à la
petite classe surtout.

Heureusement je connaissais assez
bien mon Molière, et en retran-
chant les amoureux on pouvait
trouver encore assez de scènes comiques pour défrayer toute une
soirée. *Le Malade imaginaire* m'offrit
un scénario complet. Du dialogue
et de l'enchaînement des scènes je
ne pouvais avoir un souvenir exact.
Molière était défendu au couvent,
comme bien l'on pense, et tout directeur de théâtre que j'étais, je

n'en étais pas moins vertueuse. Je me rappelai pourtant assez la donnée principale pour ne pas trop m'écarter de l'original dans mon scénario; je soufflai à mes actrices les parties importantes du dialogue, et je leur communiquai assez de la couleur de l'ensemble. Pas une n'avait lu Molière, pas une de nos religieuses n'en connaissait une ligne. J'étais donc bien sûre que ma pièce aurait pour toutes l'attrait de la nouveauté. Je ne sais plus par qui furent remplis les rôles, mais ils le furent tous avec beaucoup d'intelligence et de gaieté. Je retranchai du mien, moitié par oubli, moitié à dessein, beaucoup de crudités médicales, car je faisais monsieur Purgon. Mais, à

peine eus-je commencé à faire
agir et parler mon monde, à peine
eus-je débité quelques phrases que
je vis la supérieure éclater de rire,
madame Eugénie s'essuyer les yeux
et toute la communauté se dérider.

Tous les ans, à la fête de la
supérieure, on lui jouait la comédie
avec beaucoup plus de soin et de
pompe que ce que nous faisions
là. On dressait alors un véritable
théâtre. Il y avait un magasin de
décors *ad hoc*, une rampe, un ton-
nerre, des rôles appris par cœur
et admirablement joués. Mais les
représentations n'étaient point gaies;
c'était toujours les petits drames
larmoyants de madame de Genlis.

Moi, avec mes paravents, mes bouts de chandelle, mes actrices recrutées de confiance parmi celles que leur instinct poussait à s'offrir; avec mon *scénario* bâti de mémoire, notre dialogue improvisé et une répétition pour toute préparation, je pouvais arriver à un *fiasco* complet. Il n'en fut point ainsi. La gaieté, la verve, le vrai comique de Molière, même récité par bribes et représenté par fragments incomplets, enlevèrent l'auditoire. Jamais de mémoire de nonne on n'avait ri de si bon cœur.

Ce succès obtenu dès les premières scènes nous encouragea. J'avais préparé pour intermède une scène de *matassins* avec une pour-

suite bouffonne empruntée à *Monsieur de Pourceaugnac*. Seulement,
j'avais dit à mes actrices de se tenir
dans les coulisses, c'est-à-dire derrière les paravents, et de n'exhiber
les armes que si j'entrais moi-même
en scène pour leur en donner
l'exemple. Quand je vis qu'on était
en humeur de tout accepter, je
changeai vite de costume, et, faisant
l'apothicaire, je commençai l'intermède en brandissant l'instrument
classique au-dessus de ma tête. Je
fus accueillie par des rires homé-
riques. On sait que ce genre de
plaisanterie n'a jamais scandalisé
les dévots. Aussitôt mon régiment
noir à tabliers blancs s'élança sur
la scène, et cette exhibition bur-

lesque (Poulette nous avait prêté
tou l'arsenal de l'infirmerie) mit
la communauté de si belle humeur que je pensai voir crouler la
salle.

La soirée fut terminée par la cérémonie de réception, et comme je
savais par cœur tous les vers, on
avait pu les apprendre. Le succès
fut complet, l'enthousiasme porté au
comble. Ces dames, à force de réciter des offices en latin, en savaient assez pour apprécier le comique du latin bouffon de Molière.
La supérieure se déclara divertie au
dernier point, et je fus accablée
d'éloges pour mon esprit et la
gaieté de mes inventions. Je me

tuais de dire tout bas à mes compagnes : « Mais c'est du Molière, et
je n'ai fait merveille que de mémoire. » On ne m'écoutait pas, on
ne voulait pas me croire. Une seule,
qui avait lu Molière aux dernières
vacances, me dit tout bas : « Tais-toi!
il est fort inutile de dire à ces dames où tu as pris tout cela. Peut-
être qu'elles feraient fermer le
théâtre si elles savaient que nous
leur donnons du Molière. Et puisque rien ne les a choquées, il n'y
a aucun mal à ne leur rien dire,
si elles ne te questionnent pas. »

En effet, personne ne songea à
douter que l'esprit de Molière fût
sorti de ma cervelle. J'eus un in-

stant de scrupule d'accepter tous ces
compliments. Je me tâtai pour savoir si ma vanité n'y trouvait pas
son compte; je m'aperçus que c'é-
tait tout le contraire, et qu'à
moins d'être fou, on ne pouvait
que souffrir en se voyant décerner
l'hommage dû à un autre. J'accep-
tai cette mortification par dévouement pour mes compagnes, et le
théâtre continua à prospérer et à
attirer la supérieure et les religieuses le dimanche.

Ce fut une suite de pastiches
puisés dans tous les tiroirs de ma
mémoire et arrangés selon les
moyens et les convenances de notre
théâtre. Cet amusement eut l'excel-

lent résultat d'étendre le cercle des
relations et des amitiés entre nous.
La camaraderie, le besoin de s'aider les unes les autres pour se divertir en commun, engendrèrent la
bienveillance, la condescendance,
une indulgence mutuelle, l'absence
de toute rivalité. Enfin le besoin
d'aimer, si naturel aux jeunes cœurs,
forma autour de moi un groupe
qui grossissait chaque jour et qui
se composa bientôt de tout le couvent, religieuses et pensionnaires,
grande et petite classe. Je puis rappeler sans vanité ce temps où je
fus l'objet d'un engouement inouï
dans les fastes du couvent, puisque
ce fut l'ouvrage de mon confesseur
et le résultat de la dévotion tendre,

expansive et riante où il m'avait
entraînée.

On me savait un gré infini d'être
dévote, complaisante et amusante.
La gaieté se communiqua aux caractères les plus concentrés, aux
dévotions les plus mélancoliques. Ce
fut à cette époque que je contractai une tendre amitié avec Jane
Bazoini, un petit être pâle, réservé,
doux, malingre en apparence, mais
qui a vécu pourtant sans maladie et
à qui ses beaux grands yeux noirs,
d'une finesse lente et bonne, et son
petit sourire d'enfant tenaient lieu
de beauté. C'était, ce sera toujours
une créature adorable que Jane.
C'était la bonté, le dévouement,

l'obligeance infatigables de Fannelly
avec la piété austère et ferme d'É-
lisa, le tout couronné d'une grâce
calme et modeste qui ne pouvait se
comparer qu'à Jane elle-même.

Elle avait deux sœurs plus belles
et plus brillantes qu'elle : Chérie, qui
était la plus jolie, la plus vivante
et la plus recherchée des trois pour
la séduction de ses manières, pauvre charmante fille qui est morte
deux ans après; Aimée, qui était
belle de distinction et d'intelligence
et qui a traversé une jeunesse maladive pour épouser M. d'Héliaud
à vingt-sept ans. Aimée était à tous
égards une personne supérieure. Ses
manières étaient froides, mais son

cœur était affectueux, et son intelligence la rendait propre à tous les
arts, où elle excellait sans efforts et
sans passion apparente.

Ces trois sœurs étaient en chambre avec une gouvernante pour les
soigner, mais elles suivaient les
classes et les prières comme nous.
On jalousait l'amitié de Chérie et
d'Aimée. Jane n'avait d'amies que ses
sœurs. Elle était trop timide et trop
réservée pour en rechercher d'autres. Cette modestie me toucha, et
je vis bientôt que ce n'était pas la
froideur et la stupidité qui causaient
son isolement. Elle était tout aussi
intelligente, tout aussi instruite et
beaucoup plus aimante que ses

sœurs. Je découvris en elle un tré-
sor de bienveillance et de tendresse
calme et durable. Nous avons été
intimement liées jusqu'en 1831. Je
dirai plus tard pourquoi, sans cesser de l'aimer comme elle le mérite, j'ai cessé de la voir sans lui
en dire la raison.

Ma petite Jane montra dans nos
amusements qu'elle était aussi capable de gentillesse et de gaieté que
les plus brillantes d'entre nous. Une
fois même, elle fut punie du bonnet de nuit par la Comtesse, qui ne
prenait pas toujours en bonne part
nos espiègleries; car la gaieté montait tous les jours d'un cran et les
plus roides s'y laissaient entraîner.

Je me rappelle que cela était devenu
pour moi, pour tout le monde,
une commotion électrique et comme
irrésistible. Certes, je m'abstenais désormais de tourner la pauvre Comtesse en ridicule, et je faisais mon
possible pour l'épargner quand les
autres s'en mêlaient. Mais quand,
pour la centième fois, elle se laissait prendre à la bougie de pomme
qu'Anna ou Pauline plaçaient dans
sa lanterne, et lorsqu'elle disait une
parole pour l'autre avec le sang-
froid d'une personne parfaitement
distraite, en voyant toute la classe
partir d'un seul éclat de rire, il me
fallait en faire autant. Alors elle se
tournait vers moi d'un air de dé-
tresse, et comme Jules César à Bru-

tus, elle me disait, en se drapant
dans son grand châle vert : « Et
vous aussi, Aurore! » J'aurais bien
voulu me repentir, mais elle avait
une manière de prononcer les *e*
muets qui sonnait comme un *o*.
Anna la contrefaisait admirablement,
et se tournant vers moi, elle me
criait : « *Auroro, Auroro!* » Je n'y
pouvais tenir, le rire devenait nerveux. J'aurais ri dans le feu, comme
on disait.

La gaieté alla si loin que quelques cervelles échauffées la firent
tourner en révolte. C'était à une
époque de la Restauration où il y
eut comme une épidémie de rébellion dans tous les lycées, dans les

pensions et même dans les établis-
sements de notre sexe. Comme ces
nouvelles nous arrivaient coup sur
coup, avec le récit de circonstances
tantôt graves, tantôt plaisantes, les
plus vives d'entre nous disaient :
« Est-ce que nous n'aurons pas
aussi notre petite révolte? Nous se-
rons donc les seules qui ne sui-
vrons pas la mode? Nous n'aurons
donc pas notre petite note dans les
journaux? »

La Comtesse émue devenait plus
sévère parce qu'elle avait peur. Nos
bonnes religieuses, quelques-unes du
moins, avaient des figures allongées,
et pendant trois ou quatre jours
(je crois que nos voisins les Écos-

sais avaient fait aussi leur insurrec-
tion) il y eut une sorte de mé-
fiance et de terreur qui nous
divertissait beaucoup. Alors on s'i-
magina de faire semblant de se
révolter pour voir la frayeur de
ces dames, celle de la Comtesse
surtout. On ne m'en fit point part;
on était si bon pour moi qu'on ne
voulait pas me mettre aux prises
avec ma conscience, et on comptait
bien m'entraîner dans le rire général quand l'affaire éclaterait.

Il en fut ainsi : un soir, à la
classe, comme nous étions toutes
assises autour d'une longue table,
la Comtesse au bout, raccommodant
ses nippes à la clarté des chandel-

les, j'entends ma voisine dire à sa
voisine : « *Exhaussons !* » Le mot fait
le tour de la table, qui, enlevée
aussitôt par trente paires de petites
mains, s'élève et s'exhausse en effet
jusqu'au-dessus de la tête de la
Comtesse. Fort distraite comme
d'habitude, la Comtesse s'étonne de
l'éloignement de la lumière; mais
au moment où elle lève la tête, la
table et les lumières s'abaissent et
reprennent leur niveau. On recom-
mença plusieurs fois le même tour
sans qu'elle s'en rendît compte. C'é-
tait à peu près la scène du niais
au logis de la sorcière, dans les *Pi-
lules du Diable*. Je trouvai la chose
si plaisante que je ne me fis pas
grand scrupule de recevoir le mot

d'ordre et d'*exhausser* comme les
autres. Mais enfin la Comtesse s'a-
perçut de nos sottises et se leva
furieuse. Il était convenu qu'on
ferait aussitôt des mines de mauvais
garçons pour l'effrayer. Chacune se
pose en conspirateur, les bras croi-
sés, le sourcil froncé, et des chu-
chotements font entendre autour
d'elle le mot terrible de *révolte*. La
Comtesse était incapable de tenir
tête à l'orage. Persuadée que le
moment fatal est venu, elle s'enfuit
en faisant flotter son grand châle
comme une mouette qui étend ses
ailes et qui prend son vol à travers
les tempêtes.

Elle avait perdu l'esprit; elle tra-

versa le jardin pour se réfugier et
se barricader dans sa chambre.
Pour augmenter sa terreur, nous
jetâmes les flambeaux, les chandelles
et les tabourets par la fenêtre au
moment où elle passait. Nous ne
voulions ni ne pouvions l'atteindre;
mais ce vacarme accompagné des
cris : « Révolte! révolte! » pensa
la faire mourir de peur. Pendant
une heure, nous fûmes livrées à
nous-mêmes et à nos rires inextin-
guibles, sans que personne osât
venir rétablir l'ordre. Enfin nous
entendîmes de loin la grosse voix
de la supérieure qui arrivait avec
un bataillon de doyennes. C'était à
notre tour d'avoir peur, car la supérieure était aimée, et comme on

n'avait voulu que faire semblant de
se révolter, il en coûtait d'être
grondées et punies comme pour une
révolte véritable. Aussitôt on court
fermer au verrou les portes de la
classe et de l'avant-classe; on se
hâte de ranger tout, on repêche les
tabourets et les flambeaux, on ra-
juste et on rallume les chandelles;
puis, quand tout est en ordre, tout
le monde se met à genoux et on
commence tout haut la prière du
soir, tandis qu'une de nous rouvre
les portes au moment où la supérieure s'y présente, après quelque
hésitation.

La Comtesse fut regardée comme
une folle et comme une vision-

naire, et Marie-Josèphe, la servante
qui rangeait la classe le matin, et
qui était la meilleure du monde,
ne se plaignit pas de la fracture de
quelques meubles et de quelques
chandelles. Elle nous garda le secret,
et là finit notre révolution.

Tout allait le mieux du monde;
le carnaval arrivait, et nous prépa-
rions une soirée de comédie comme
jamais nous n'avions encore espéré
de la réaliser. Je ne sais plus quelle
pièce de Molière ou de Regnard
j'avais mise en canevas. Les costumes
étaient prêts, les rôles distribués, le
violon engagé. Car ce jour-là nous
avions un violon, un bal, un sou-

per, et toute la nuit pour nous
divertir à discrétion.

Mais un événement politique qui
devait naturellement retentir comme
une calamité publique dans un
couvent vint faire rentrer les costumes au magasin et la gaieté dans
les cœurs.

Le duc de Berry fut assassiné à
la porte de *l'Opéra* par *Louvel.*
Crime isolé, fantasque comme tous
les actes de délire sanguinaire, et
qui servit de prétexte à des persé-
cutions, ainsi qu'à un revirement
subit dans l'esprit du règne de
Louis XVIII.

Cette nouvelle nous fut apportée le lendemain matin, et commentée par nos religieuses d'une manière saisissante et dramatique. Pendant huit jours on ne s'entretint pas d'autre chose, et les moindres détails de la mort chrétienne du prince, le désespoir de sa femme, qui coupa, disait-on, ses blonds cheveux sur sa tombe; toutes les circonstances de cette tragédie royale et domestique, rapportées, embellies, amplifiées et poétisées par les journaux royalistes et les lettres particulières, défrayèrent nos récréations de soupirs et de larmes. Presque toutes nous appartenions à des familles nobles, royalistes, ou bonapartistes ralliées. Les Anglaises, qui

12.

étaient en majorité, prenaient part au
deuil royal par principe, et d'ailleurs
le récit d'une mort tragique, et les
larmes d'une illustre famille étaient
émouvants pour nos jeunes imaginations comme une pièce de Cor-
neille ou de Racine. On ne nous
disait pas que le duc de Berry avait
été un peu brutal et débauché, on
nous le peignait comme un héros,
comme un second Henri IV, sa
femme comme une sainte, et le
reste à l'avenant.

Moi seule peut-être je luttais
contre l'entraînement général. J'étais
restée bonapartiste et je ne m'en
cachais pas, sans cependant me

prendre de dispute avec personne
à ce sujet.

Dans ce temps-là, quiconque
était bonapartiste était traité de
libéral. Je ne savais ce que c'était
que le libéralisme; on me disait
que c'était la même chose que le
jacobinisme, que je connaissais encore moins. Je fus donc émue
quand on me répéta sur tous les
tons : « Qu'est-ce qu'un parti qui
prêche, commet et préconise l'as-
sassinat? — S'il en est ainsi, répondis-je, je suis tout ce qu'il vous
plaira, excepté libérale, » et je me
laissai attacher au cou je ne sais
plus quelle petite médaille frappée
en l'honneur du duc de Berry, qui

était devenue comme un ordre
pour tout le couvent.

Huit jours de tristesse, c'est bien
long pour un couvent de jeunes
filles. Un soir, je ne sais qui fit
une grimace, une autre sourit, une
troisième dit un bon mot, et voilà
le rire qui fait le tour de la classe,
d'autant plus violent et nerveux,
qu'il succédait aux pleurs.

Peu à peu, on nous laissa reprendre nos amusements. Ma grand'-
mère était à Paris. Comme on lui
rendait bon témoignage de ma conduite, elle n'avait plus sujet de me
gronder sérieusement, et elle s'a-
percevait aussi que ma simplicité

et mon absence de coquetterie n'allaient pas mal à une figure de seize ans. Elle me traitait donc avec toute sa bonté maternelle; mais un nouveau souci s'était emparé d'elle à propos de moi : c'était ma dévotion et le secret désir que je conservais, et qu'elle avait appris vraisemblablement par madame de Pontcarré (qui devait le tenir de Pauline), de me faire religieuse. Elle avait su l'été précédent, par diverses lettres de personnes qui m'avaient vue au parloir, que j'étais souffrante, triste et *toute confite en Dieu.* Cette dévotion triste ne l'avait pas beaucoup inquiétée. Elle s'était dit avec raison que cela n'était pas de mon âge et ne pouvait durer.

Mais quand elle me vit bien por-
tante, fraîche, gaie, ne prenant avec
personne d'airs revêches, et néanmoins rentrant chaque fois dans
mon cloître avec plus de plaisir
que je n'en étais sortie, elle eut
peur, et résolut de me reprendre
avec elle aussitôt qu'elle repartirait
pour Nohant.

Cette nouvelle tomba sur moi,
comme un coup de foudre, au milieu du plus parfait bonheur que
j'eusse goûté de ma vie. Le couvent
était devenu mon paradis sur la
terre. Je n'y étais ni pensionnaire
ni religieuse, mais quelque chose
d'intermédiaire, avec la liberté absolue dans un intérieur que je ché-

rissais et que je ne quittais pas sans regret, même pour une journée. Personne n'était donc aussi heureux que moi. J'étais l'amie de tout le monde, le conseil et le meneur de tous les plaisirs, l'idole des petites. Les religieuses me voyant si gaie et persistant dans ma vocation, commençaient à y croire, et, sans l'encourager, ne disaient plus non. Élisa, qui seule ne s'était pas laissé distraire et égayer par mon entrain, y croyait fermement; sœur Hélène, plus que jamais. J'y croyais moi-même et j'y ai cru encore long-temps après ma sortie du couvent. Madame Alicia et l'abbé de Prémord étaient les deux seules personnes qui n'y comptaient pas, me connaissant

probablement mieux que les autres,
et tous deux me disaient à peu près
la même chose : « Gardez cette idée
si elle vous est bonne! mais pas de
vœux imprudents, pas de secrètes
promesses à Dieu, surtout pas d'aveu
à vos parents avant le moment où
vous serez certaine de vouloir pour toujours ce que vous voulez aujourd'hui.
L'intention de votre grand'mère est
de vous marier. Si dans deux ou
trois ans vous ne l'êtes pas et que
vous n'ayez pas envie de l'être, nous
reparlerons de vos projets. »

Le bon abbé m'avait rendue bien
facile la tâche d'être aimable. Dans
les premiers temps j'avais été un
peu effrayée de l'idée que mon

devoir, aussitôt que j'aurais pris quelque ascendant sur mes compagnes, serait de les prêcher et de les convertir. Je lui avais avoué que je ne me sentais pas propre à ce rôle. « Vous voulez que je sois aimée de tout le monde ici, lui avais-je dit : eh bien, je me connais assez pour vous dire que je ne pourrai pas me faire aimer sans aimer moi-même, et que je ne serai jamais capable de dire à une personne aimée : «Faites-vous dévote, mon amitié est à ce prix. » Non, je mentirais. Je ne sais pas obséder, persécuter, pas même insister, je suis trop faible. — Je ne demande rien de semblable, m'avait répondu l'indulgent directeur; prêcher, obsé-

der serait de mauvais goût à votre
âge. Soyez pieuse et heureuse, c'est
tout ce que je vous demande, votre
exemple prêchera mieux que tous
les discours que vous pourriez
faire. »

Il avait eu raison d'une certaine
manière, mon excellent vieux ami.
Il est certain que l'on était devenu
meilleur autour de moi ; mais la
religion ainsi prêchée par la gaieté
avait donné bien de la force à la
vivacité des esprits, et je ne sais
pas si c'était un moyen très-sûr
pour persister dans le catholicisme.

J'y persistais avec confiance, j'y
aurais persisté, je crois, si je n'eusse

pas quitté le couvent; mais il fallut le quitter, il fallut cacher à ma grand'mère, qui en aurait mortellement souffert, le regret mortel que j'avais de me séparer des nombreux et charmants objets de ma tendresse: mon cœur fut brisé. Je ne pleurai pourtant pas, car j'eus un mois pour me préparer à cette séparation, et quand elle arriva, j'avais pris une si forte résolution de me soumettre sans murmure, que je parus calme et satisfaite devant ma pauvre bonne maman. Mais j'étais navrée, et je l'étais pour bien longtemps.

Je ne dois pourtant pas fermer le dernier chapitre du couvent sans

dire que j'y laissai tout le monde
triste ou consterné de la mort de
madame Canning. J'étais arrivée,
pour son caractère, au respect que
lui devait ma piété; mais jamais
ma sympathie ne m'avait poussée
vers elle. Je fus pourtant une des
dernières personnes qu'elle nomma
avec affection dans son agonie.

Cette femme, d'une puissante organisation, avait eu sans doute les
qualités de son rôle dans la vie
monastique, puisqu'elle avait conservé, depuis la révolution, le gou-
vernement absolu de sa communauté.
Elle laissait la maison dans une situation florissante, avec un nombre
considérable d'élèves, et de grandes

relations dans le monde, qui eussent
dû assurer à l'avenir une clientèle
durable et brillante.

Néanmoins, cette situation pros-
père s'éclipsa avec elle. J'avais vu
élire madame Eugénie, et comme
elle m'aimait toujours, si je fusse
restée au couvent, j'y aurais été
encore plus gâtée ; mais madame
Eugénie se trouva impropre à l'exercice de l'autorité absolue. J'ignore si
elle en abusa, si le désordre se mit
dans sa gestion ou la division dans
ses conseils ; mais elle demanda, au
bout de peu d'années, à se retirer
du pouvoir, et fut prise au mot,
m'a-t-on dit, avec un empressement
général. Elle avait laissé les affaires

péricliter, ou bien je crois plutôt
qu'elle n'avait pu les empêcher
d'aller ainsi. Tout est mode en
ce monde, même les couvents. Celui
des Anglaises avait eu, sous l'empire
et sous Louis XVIII, une grande
vogue. Les plus grands noms de la
France et de l'Angleterre y avaient
contribué. Les Mortemart, les Mont-
morency y avaient eu leurs héritières. Les filles des généraux de
l'empire ralliés à la Restauration y
furent mises, à dessein sans doute
d'établir des relations favorables à
l'ambition aristocratique des parents;
mais le règne de la bourgeoisie arrivait, et, quoique j'aie entendu les
vieilles comtesses accuser madame Eugénie d'avoir laissé *encanailler* son

couvent, je me souviens fort bien
que, lorsque j'en sortis, peu de
jours après la mort de madame
Canning, le *tiers état* avait déjà fait,
par ses soins, une irruption très-
lucrative dans le couvent. Ç'avait été,
pour ainsi dire, le bouquet de sa
fructueuse administration.

J'avais donc vu notre personnel
s'augmenter rapidement d'une quantité de charmantes filles de négo-
ciants ou d'industriels, tout aussi
bien élevées déjà, et pour la plupart plus intelligentes (ceci était
même remarquable et remarqué)
que les petites personnes de grande
maison.

Mais cette prospérité devait être
et fut un feu de paille. Les gens
de la haute, comme disent aujour-
d'hui les bonnes gens, trouvèrent le
milieu trop roturier, et la vogue
des beaux noms se porta sur le
Sacré-Cœur et sur l'Abbaye-aux-
Bois. Plusieurs de mes anciennes
compagnes furent transférées dans
ces monastères, et peu à peu l'élé-
ment patricien catholique rompit
avec l'antique retraite des Stuarts.
Alors sans doute les bourgeois, qui
avaient été flattés de l'espérance de
voir leurs héritières *frayer* avec celles
de la noblesse, se sentirent frustrés
et humiliés. Ou bien l'esprit voltairien du règne de Louis-Philippe,
qui couvait déjà dès les premiers

jours du règne de son prédécesseur,
commença à proscrire les éducations
monastiques. Tant il y a, qu'au bout
de quelques années je trouvai le
couvent à peu près vide, sept ou
huit pensionnaires au lieu de
soixante-dix à quatre-vingts que
nous avions été, la maison trop
vaste et aussi pleine de silence
qu'elle l'avait été de bruit, Poulette
désolée et se plaignant avec âcreté
des nouvelles supérieures et de la
ruine de notre *ancienne gloire*.

J'ai eu les derniers détails sur cet
intérieur en 1847. La situation était
meilleure, mais ne s'était jamais
relevée à son ancien niveau : grande
injustice de la vogue; car, en somme,

13.

les Anglaises étaient sous tous les
rapports un troupeau de vierges
sages, et leurs habitudes de raison,
de douceur et de bonté n'ont pu
se perdre en un quart de siècle.

CHAPITRE SEIZIÈME.

Je ne me souviens guère des surprises et des impressions qui durent ou qui auraient dû m'assaillir dans ces premiers jours que je passai à Paris, promenée et distraite à dessein par ma bonne grand'mère. J'étais hébétée, je pense, par le

chagrin de quitter mon couvent, et
tourmentée de l'appréhension de
quelque projet de mariage. Ma
bonne maman, que je voyais avec
douleur très-changée et très-affai-
blie, parlait de sa mort, prochaine
selon elle, avec un grand calme
philosophique; mais elle ajoutait, en
s'attendrissant et en me pressant
sur son cœur : « Ma fille, il faut
que je te marie bien vite, car je
m'en vas. Tu es bien jeune, je le
sais; mais, quelque peu d'envie que
tu aies d'entrer dans le monde, tu
dois faire un effort pour accepter
cette idée-là. Songe que je finirais
épouvantée et désespérée, si je te
laissais sans guide et sans appui
dans la vie. »

Devant cette menace de son désespoir et de son épouvante au
moment suprême, j'étais épouvantée
et désespérée, moi aussi. « Est-ce
qu'on va vouloir me marier? me
disais-je. Est-ce que c'est une affaire arrangée? M'a-t-on fait sortir
du couvent juste pour cela? Quel
est donc ce mari, ce maître, cet
ennemi de mes vœux et de mes
espérances? Où se tient-il caché?
Quel jour va-t-on me le présen-
ter, en me disant : « Ma fille, il
faut dire oui, ou me porter un
coup mortel! »

Je vis pourtant bientôt qu'on ne
s'occupait que vaguement et comme
préparatoirement de ce grand pro-

jet. Madame de Pontcarré proposait quelqu'un; ma mère proposait,
de par mon oncle de Beaumont,
une autre personne. Je vis le parti
de madame de Pontcarré, et elle
me demanda mon opinion. Je lui
dis que ce monsieur m'avait semblé
fort laid. Il paraît qu'au contraire
il était beau, mais je ne l'avais pas
regardé, et madame de Pontcarré
me dit que j'étais une petite sotte.

Je me rassurai tout à fait en
voyant qu'on faisait les paquets
pour Nohant sans rien conclure, et
même j'entendis ma bonne maman
dire qu'elle me trouvait si enfant,
qu'il fallait encore m'accorder six
mois, peut-être un an de répit.

Soulagée d'une anxiété affreuse, je retombai bientôt dans un autre chagrin. J'avais espéré que ma petite mère viendrait à Nohant avec nous. Je ne sais quel orage nouveau venait d'éclater dans ces derniers temps. Ma mère répondit brusquement à mes questions : « Non certes! je ne retournerai à Nohant que quand ma belle-mère sera morte! »

Je sentis que tout se brisait encore une fois dans ma triste existence domestique. Je n'osai faire de questions. J'avais une crainte poignante d'entendre, de part ou d'autre, les amères récriminations du passé. Ma piété, autant que ma

tendresse filiale, me défendait d'é-
couter le moindre blâme sur l'une
ou sur l'autre. J'essayai en silence
de les rapprocher; elles s'embrassè-
rent les larmes aux yeux, devant
moi; mais c'étaient des larmes de
souffrance contenue et de reproche
mutuel. Je le vis bien, et je cachai
les miennes.

J'offris encore une fois à ma
mère de me prononcer, afin de
pouvoir rester avec elle, ou tout au
moins de décider ma bonne maman à l'emmener avec moi.

Ma mère repoussa énergiquement
cette idée. « Non, non! dit-elle, je
déteste la campagne, et Nohant sur-

tout, qui ne me rappelle que des douleurs atroces. Ta sœur est une grande demoiselle que je ne peux plus quitter. Va-t'en sans te désoler, nous nous retrouverons, et peut-être plus tôt que l'on ne croit! »

Cette allusion obstinée à la mort de ma grand'mère était déchirante pour moi. J'essayai de dire que cela était cruel pour mon cœur. « Comme tu voudras! dit ma mère irritée; si tu l'aimes mieux que moi, tant mieux pour toi, puisque tu lui appartiens à présent corps et âme.

— Je lui appartiens de tout

mon cœur, par la reconnaissance et
le dévouement, répondis-je, mais
non pas corps et âme contre vous.
Ainsi il y a une chose certaine,
c'est que si elle exige que je me
marie, ce ne sera jamais, je le
jure, avec un homme qui refuserait
de voir et d'honorer ma mère. »

Cette résolution était si forte en
moi que ma pauvre mère eût bien
dû m'en tenir compte. Moi, brisée
désormais à la soumission chrétienne; moi, qui, d'ailleurs, ne me
sentais plus l'énergie de résister aux
larmes de ma bonne maman, et
qui voyais, par moments, s'effacer
mon meilleur rêve, celui de la vie
monastique, devant la crainte de

l'affliger, j'aurais trouvé encore dans mon instinct filial la force que sœur Hélène avait eue pour briser le sien, quand elle avait résisté à son père pour aller à Dieu. Moi, moins sainte et plus humaine, j'aurais, je le crois, passé par-dessus le corps de ma grand'mère pour tendre les bras à ma mère humiliée et outragée.

Mais ma mère ne comprenait déjà plus mon cœur. Il était devenu trop sensible et trop tendre pour sa nature entière et sans nuances. Elle n'eut qu'un sourire d'énergique insouciance pour répondre à mon effusion : « Tiens, tiens! je crois bien! dit-elle. Je ne m'inquiète guère

de cela. Est-ce que tu ne sais pas
qu'on ne peut pas te marier sans
mon consentement? Est-ce que je le
donnerai jamais quand il s'agira
d'un monsieur qui prendrait de
grands airs avec moi? Allons donc!
Je me moque bien de toutes les
menaces. Tu m'appartiens, et quand
même on réussirait à te mettre en
révolte contre ta mère, ta mère
saura bien retrouver ses droits! »

Ainsi ma mère, exaspérée, semblait vouloir douter de moi et s'en
prendre à ma pauvre âme en dé-
tresse pour exhaler ses amertumes.
Je commençai à pressentir quelque
chose d'étrange dans ce caractère
généreux, mais indompté, et il y

avait, à coup sûr, dans ses beaux yeux noirs quelque chose de terrible qui, pour la première fois, me frappa d'une secrète épouvante.

Je trouvai, par contraste, ma grand'mère plongée dans une tristesse abattue et plaintive qui me toucha profondément. « Que veux-tu, mon enfant, me dit-elle lorsque j'essayai de rompre la glace, ta mère ne peut pas ou ne veut pas me savoir gré des efforts immenses que j'ai faits et que je fais tous les jours pour la rendre heureuse. Ce n'est ni sa faute ni la mienne si nous ne nous chérissons pas l'une l'autre; mais j'ai mis les bons procédés de mon côté en toutes choses, et les

XIII. 14

siens sont si durs que je ne peux
plus les supporter. Ne peut-elle me
laisser finir en paix? Elle a si peu
de temps à attendre! »

Comme j'ouvrais la bouche pour
la distraire de cette pensée : « Laisse,
laisse! reprit-elle. Je sais ce que tu
veux me dire. J'ai tort d'attrister
tes seize ans de mes idées noires.
N'y pensons pas. Va t'habiller. Je
veux te mener ce soir aux Italiens! »

J'avais bien besoin de me distraire, et par cela même que j'étais
mortellement triste, je ne m'en sentais ni l'envie ni la force. Je crois
que c'est ce soir-là que j'entendis

pour la première fois madame Ca-
talani dans *Il farnatico per la mu-
sica.* Je crois aussi que c'était Galli
qui faisait le rôle du dilettante
burlesque; mais je vis et entendis
bien mal, préoccupée comme je
l'étais. Il me sembla que la cantatrice abusait de la richesse de ses
moyens, et que sa fantaisie de
chanter des variations écrites pour
le violon était antimusicale. Je
sortais des chœurs et des motets de
notre chapelle, et, dans le nombre
de nos morceaux *à effet*, ceux
qu'on chantait pendant le salut du
saint sacrement, il se trouvait bien
des antiennes vocalisées dans le goût
rococo de la musique sacrée du
dernier siècle; mais nous n'étions

pas trop dupes de ces abus, et, en
somme, on nous mettait sur la voie
des bonnes choses. La musique
bouffe des Italiens, si artistement
brodée par la cantatrice à la mode,
ne me causa donc que de l'étonne-
ment. J'avais plus de plaisir à
écouter le chevalier de Lacoux,
vieux émigré, ami de ma grand'-
mère, me jouer sur la harpe ou sur
la guitare des airs espagnols dont
quelques-uns m'avaient bercée à
Madrid, et que je retrouvais comme
un rêve du passé endormi dans
ma mémoire.

Rose était mariée et devait nous
quitter pour aller vivre à la Châtre
aussitôt que nous serions de retour

à Nohant. Impatiente de retrouver son mari, qu'elle avait épousé la veille du voyage à Paris, elle ne cachait guère sa joie et me disait avec sa passion rouge qui me faisait frémir de peur : « Soyez tranquille, votre tour viendra bientôt! »

J'allai embrasser une dernière fois toutes mes chères amies du couvent. J'étais véritablement désespérée.

Nous arrivâmes à Nohant aux premiers jours du printemps de 1820, dans la grosse calèche bleue de ma grand'mère, et je retrouvai ma petite chambre livrée aux ouvriers qui en renouvelaient les papiers et les peintures; car ma bonne maman commençait à trouver ma tenture de toile d'orange à grands ramages trop surannée pour mes jeunes yeux, et voulait les réjouir par une fraîche couleur lilas. Cependant mon lit à colonnes, en forme de corbillard, fut épargné, et les quatre plumets rongés des vers échappèrent encore au vandalisme du goût moderne.

On m'installa provisoirement dans le grand appartement de ma mère. Là, rien n'était changé, et je dormis délicieusement dans cet immense lit à grenades dorées qui me rappelait toutes les tendresses et toutes les rêveries de mon enfance.

Je vis enfin, pour la première fois depuis notre séparation décisive, le soleil entrer dans cette chambre déserte où j'avais tant pleuré. Les arbres étaient en fleur, les rossignols chantaient, et j'entendais au loin la classique et solennelle cantilène des laboureurs, qui résume et caractérise toute la poésie claire et tranquille du Berry. Mon réveil fut pourtant un indicible mélange de joie et de douleur. Il était déjà neuf heures du matin. Pour la première fois depuis trois ans, j'avais dormi la grasse matinée, sans entendre la cloche de l'angelus et la voix criarde de Marie-Josèphe m'arracher aux douceurs des derniers rêves. Je pouvais encore pa-

resser une heure sans encourir aucune pénitence. Échapper à la règle,
entrer dans la liberté, c'est une
crise sans pareille dont ne jouissent
pas à demi les âmes éprises de rêverie et de recueillement.

J'allai ouvrir ma fenêtre et retournai me mettre au lit. La sen-
teur des plantes, la jeunesse, la vie,
l'indépendance m'arrivaient par bouf-
fées; mais aussi le sentiment de
l'avenir inconnu qui s'ouvrait devant moi m'accablait d'une inquiétude et d'une tristesse profondes. Je
ne saurais à quoi attribuer cette
désespérance maladive de l'esprit,
si peu en rapport avec la fraîcheur
des idées et la santé physique de

l'adolescence. Je l'éprouvai si poignante, que le souvenir très-net
m'en est resté après tant d'années,
sans que je puisse retrouver clairement par quelle liaison d'idées,
quels souvenirs de la veille, quelles
appréhensions du lendemain, j'arrivai à répandre des larmes amères,
en un moment où j'aurais dû reprendre avec transport possession
du foyer paternel et de moi-même.

Que de petits bonheurs, cependant, pour une pensionnaire hors
de cage! Au lieu du triste uniforme
de serge amarante, une jolie femme
de chambre m'apportait une fraîche
robe de guingamprose. J'étais libre
d'arranger mes cheveux à ma guise

sans que madame Eugénie me vînt
observer qu'il était indécent de se
découvrir les tempes. Le déjeuner
était relevé de toutes les friandises
que ma grand'mère aimait et me
prodiguait. Le jardin était un immense bouquet. Tous les domestiques, tous les paysans venaient me
faire fête. J'embrassais toutes les
bonnes femmes de l'endroit, qui me
trouvaient fort embellie parce que
j'étais devenue *plus grossière*, c'est-
à-dire, dans leur langage, que j'a-
vais pris de l'embonpoint. Le parler
berrichon sonnait à mon oreille
comme une musique aimée, et j'é-
tais tout émerveillée qu'on ne m'a-
dressât pas la parole avec le blaise-
ment et le sifflement britanniques.

Les grands chiens, mes vieux amis,
qui m'avaient grondée la veille au
soir, me reconnaissaient et m'acca-
blaient de caresses avec ces airs in-
telligents et naïfs qui semblent vous
demander pardon d'avoir un instant
manqué de mémoire.

Vers le soir, Deschartres, qui
avait été à je ne sais plus quelle
soirée éloignée, arriva enfin, avec
sa veste, ses grandes guêtres et sa
casquette en soufflet. Il ne s'était
pas encore avisé, le cher homme,
que je dusse être changée et gran-
die depuis trois ans, et tandis que
je lui sautais au cou, il demandait
où était Aurore. Il m'appelait mademoiselle ; enfin, il fit comme mes

chiens, il ne me reconnut qu'au
bout d'un quart d'heure.

Tous mes anciens camarades d'enfance étaient aussi changés que moi.
Liset était *loué*, comme on dit chez
nous. Je ne le revis pas, il mourut peu de temps après. Cadet était
devenu aide valet de chambre. Il
servait à table et disait naïvement
à mademoiselle Julie, qui lui reprochait de casser toutes les carafes :
« Je n'en ai cassé que sept la semaine dernière. » Fanchon était ber-
gère chez nous. Marie Aucante était
devenue la reine de beauté du vil-
lage. Marie et Solange Croux étaient
des jeunes filles charmantes. Pendant
trois jours ma chambre ne désem-

plit pas des visites qui m'arrivaient.
Ursule ne fut pas des dernières.

Mais, comme Deschartres, tout le
monde m'appelait mademoiselle. Plusieurs étaient intimidés devant moi.
Cela me fit sentir mon isolement.
L'abîme de la hiérarchie sociale s'é-
tait creusé entre des enfants qui
jusque-là s'étaient sentis égaux. Je
n'y pouvais rien changer, on ne
l'eût pas souffert. Je me pris à re-
gretter davantage mes compagnes
de couvent.

Pendant quelques jours ensuite,
je fus tout au plaisir physique de
courir les champs, de revoir la ri-
vière, les plantes sauvages, les prés

en fleur. L'exercice de marcher dans
la campagne, dont j'avais perdu l'habitude, et l'air printanier me gri-
saient si bien, que je ne pensais
plus et dormais de longues nuits
avec délices; mais bientôt l'inaction
de l'esprit me pesa, et je songeai à
occuper ces éternels loisirs qui m'é-
taient faits par l'indulgente gâterie
de ma grand'mère.

J'éprouvai même le besoin de
rentrer dans la règle, et je m'en
traçai une dont je ne me départis
pas tant que je fus seule et maî-
tresse de mes heures. Je me fis naïvement un *tableau* de l'emploi de
ma journée. Je consacrais une heure
à l'histoire, une au dessin, une à

la musique, une à l'anglais, une à
l'italien, etc. Mais le moment de
m'instruire réellement un peu n'était
pas encore venu. Au bout d'un mois
je n'avais fait encore que résumer,
sur des cahiers *ad hoc*, mes petites
études du couvent, lorsque arrivè-
rent, invitées par ma bonne maman, madame de Pontcarré et sa
charmante fille Pauline, ma blonde
et enjouée compagne de couvent.

Pauline, à seize ans comme à six,
était toujours cette belle indiffé-
rente qui se laissait aimer sans
songer à vous rendre la pareille.
Son caractère était charmant comme
sa figure, comme sa taille, comme
ses mains, comme ses cheveux

d'ambre, comme ses joues de lis
et de roses; mais comme son cœur
ne se manifestait jamais, je n'ai
jamais su s'il existait, et je ne pourrais dire que cette aimable compagne ait été mon amie.

Sa mère était bien différente. C'é-
tait une âme passionnée jointe à
un esprit éblouissant. Trop sanguine
et trop replète pour être encore
belle (j'ignore même si elle l'avait
jamais été), elle avait des yeux noirs
si magnifiques et une physionomie
si vivante, une si belle voix et tant
d'âme pour chanter, une conversation si réjouissante, tant d'idées,
tant d'activité, tant d'affection dans
les manières, qu'elle exerçait un

charme irrésistible. Elle était de l'âge
de mon père, et ils avaient joué
ensemble dans leur enfance. Ma
grand'mère aimait à parler de son
cher fils avec elle, et s'était prise
d'amitié pour elle assez récemment,
bien qu'elle l'eût toujours connue;
mais cette amitié fit bientôt place
chez elle à un sentiment contraire,
dont je ne m'aperçus pas assez tôt
pour ne pas la faire souffrir.

Dans les commencements, tout
allait si bien entre elles, que je ne
me défendis point de l'attrait de
cette amitié pour mon compte.
Très-naturellement, je passais beaucoup plus de temps avec Pauline
et sa mère, ingambes et actives

toutes deux, qu'auprès du fauteuil
où ma grand'mère écrivait ou som-
meillait presque toute la journée.
Elle-même exigeait que je fisse
soir et matin de grandes courses,
et de la musique avec ces dames
dans la journée. Madame de Pontcarré était un excellent professeur.
Elle nous lançait, Pauline et moi,
dans les partitions à livre ouvert,
nous accompagnant avec feu et
soutenant nos voix de l'énergie
sympathique de la sienne. Nous
avons déchiffré ensemble *Armide*,
Iphigénie, *OEdipe*, etc. Quand nous
étions un peu ferrées sur un mor-
ceau, nous ouvrions les portes pour
que la bonne maman pût entendre,
et son jugement n'était pas la

moins bonne leçon. Mais bien souvent la porte se trouvait fermée au
verrou. Ma grand'mère avait conservé l'habitude d'être seule, ou avec
mademoiselle Julie, qui lui faisait la
lecture. Nous étions trop jeunes et
trop vivantes pour que notre compagnie assidue lui fût agréable. La
pauvre femme s'éteignait doucement,
et il n'y paraissait pas encore. Elle
se montrait aux repas avec un peu
de rouge sur les joues, des dia-
mants aux oreilles, la taille toujours droite et gracieuse dans sa
douillette pensée; causant bien et
répondant à propos, esclave d'un
avoir-vivre aimable qui lui faisait
cacher ou surmonter de fréquentes
défaillances, elle semblait jouir d'une

15.

belle vieillesse exempte d'infirmités.
Longtemps elle dissimula une sur-
dité croissante, et jusqu'à ses derniers moments fit un mystère de
son âge : affaire d'étiquette appa-
remment, car elle n'avait jamais été
vaine, même dans tout l'éclat de la
jeunesse et de la beauté. Cependant
elle s'en allait, comme elle le disait souvent tout bas à Deschartres,
qui, l'ayant toujours connue délicate
et affaissée, n'y croyait pas et se
flattait de mourir avant elle. Elle
craignait le moindre bruit, l'éclat
du jour lui était insupportable, et
quand elle avait fait l'effort de tenir
le salon une ou deux heures, elle
éprouvait le besoin d'aller s'enfer-
mer dans son boudoir, nous priant

d'aller nous occuper ou nous promener un peu loin de son sommeil, qui était fort léger.

Je fus donc bien étonnée et presque effrayée un jour qu'elle me dit que j'étais inséparable de madame de Pontcarré et de sa fille, que je la négligeais, que je me jetais tête baissée dans des amitiés nouvelles, que j'avais trop d'imagination, que je ne l'aimais pas, et tout cela avec une douleur et des larmes inexplicables.

Je sentais ces reproches si peu mérités qu'ils me consternèrent. Je ne trouvais rien à y répondre à force d'en voir l'injustice; mais cette

injustice dans un cœur si bon et
si droit ressemblait à un accès de
démence triste et douce. Je ne sus
que pleurer avec ma pauvre bonne
maman, la caresser et la consoler
de mon mieux. Comme elle me reprochait de parler bas souvent à
ces dames et d'avoir avec elles un
air de cachoterie, je lui fis promettre, en riant, le secret vis-à-vis
d'elle-même, et lui confessai que
depuis huit jours nous bâtissions un
théâtre et répétions une pièce pour
le jour de sa fête; mais que j'aimais bien mieux en trahir la surprise que de la laisser souffrir un
jour de plus de ses chimères. « Eh!
mon Dieu, me dit-elle en riant
aussi à travers ses pleurs, je le sais

bien que vous me préparez une belle fête et une belle surprise! Comment peux-tu t'imaginer que Julie ne me l'ait pas dit?

— Elle a très-bien fait sans doute, puisqu'elle vous a vue inquiète de nos mystères; mais alors comment se fait-il, chère maman, que vous vous en tourmentiez encore? »

Elle m'avoua qu'elle ne savait pas pourquoi elle s'en était fait un chagrin; et comme je lui proposai de laisser aller la comédie sans m'en mêler afin de passer tout mon temps auprès d'elle, elle s'écria : « Non pas, non pas! Je ne veux point de cela! madame de Pont-

carré fera bien assez valoir sa fille;
je ne veux pas que, comme à l'ordinaire, tu sois mise de côté et
éclipsée par elle! »

Je n'y comprenais plus rien. Jamais l'idée d'une rivalité quelconque n'avait pu éclore dans la tête
de Pauline ou dans la mienne.
Madame de Pontcarré n'y pensait
probablement pas davantage; mais
ma pauvre jalouse de bonne maman ne pardonnait pas à Pauline
d'être plus belle que moi, et en
même temps qu'elle supposait sa
mère portée à me dénigrer, elle
était jalouse aussi de l'affection que
cette mère me témoignait.

Comme la jalousie est grosse d'inconséquences, il me fallut donc
voir ces petites scènes se renouve-
ler, et je crois qu'elles furent en-
venimées par mademoiselle Julie,
qui, décidément, ne m'aimait point.
Je ne lui avais jamais fait ni mal
ni dommage; tout au contraire :
facile au retour comme je le suis,
j'appréciais l'intelligence de cette
froide personne, et j'aimais à consulter sa merveilleuse mémoire des
faits historiques; mais ma mère
l'avait trop blessée pour qu'elle pût
me pardonner d'être sa fille et de
l'aimer.

Ce fut donc en essuyant de secrètes larmes, et entre plusieurs

muées de ces orages étouffés par le
savoir-vivre, que je me travestis
en Colin pour jouer la comédie et
faire rire ma grand'mère. Le théâtre, tout en feuillages naturels, for-
mait un berceau charmant. M. de
Trémoville, un officier ami de
madame de Pontcarré, lequel, se
trouvant en remonte de cavalerie
dans le département, était venu
passer chez nous une quinzaine,
avait tout disposé avec beaucoup
d'adresse et de goût. Il jouait lui-
même le rôle de *mon capitaine*, car
je *m'engageais* par désespoir des
caprices de mon amoureuse Colette.
Je ne sais plus quel proverbe de
Carmontelle nous avions ainsi ar-
rangé à notre usage. Pauline, en

villageoise d'opéra comique, était
belle comme un ange. Deschartres
jouait aussi, et jouait très-mal. Tout
alla néanmoins le mieux du monde,
malgré les terreurs de Pauline, qui
pleura de peur en entrant en
scène. N'ayant jamais connu ce
genre de timidité, je jouai très-
résolûment, ce qui consola un peu
ma bonne maman de me voir tra-
vestie en garçon, pendant que Pauline brillait de tout le charme de
sa beauté et de tous les atours de
son sexe.

Quelque temps après, madame
de Pontcarré partit avec sa fille et
M. de Trémoville, dont je me souviens comme du meilleur homme

du monde; père de famille excellent, il nous traitait, Pauline et moi, comme ses enfants, et nous abusions tellement de son facile et aimable caractère, que ma grand'-mère elle-même, dans ses moments de gaieté, l'avait surnommé la *bonne de ces demoiselles.*

Mais je ne sais quelle irritation profonde resta contre madame de Pontcarré et Pauline dans le cœur de ma grand'mère. Affligée de leur départ, je dus pourtant me trouver soulagée de voir finir les étranges et incompréhensibles querelles qu'elles m'attiraient. Hippolyte vint en congé, et nous fûmes d'abord intimidés l'un devant l'autre.

Il était devenu un beau maréchal des logis de hussards, faisant ronfler les *r*, domptant les chevaux indomptables, et ayant son franc parler avec Deschartres, qui lui permettait de le taquiner, comme avait fait mon père, sur le chapitre de l'équitation et sur plusieurs autres. Au bout de peu de jours notre ancienne amitié revint, et, recommençant à courir et à folâtrer ensemble, il ne nous sembla plus que nous nous fussions jamais quittés.

Ce fut lui qui me communiqua le goût de monter à cheval, et cet exercice physique devait influer beau-

coup sur mon caractère et mes habitudes d'esprit.

Le cours d'équitation qu'il me fit
n'était ni long ni ennuyeux. « Vois-
tu, me dit-il un matin que je lui
demandais de me donner la première leçon, je pourrais faire le
pédant et te casser la tête du ma-
nuel d'instruction que je professe à
Saumur à des conscrits qui n'y
comprennent rien, et qui, en somme,
n'apprennent qu'à force d'habitude
et de hardiesse; mais tout se réduit
d'abord à deux choses : tomber ou
ne pas tomber; le reste viendra plus
tard. Or, comme il faut s'attendre à
tomber, nous allons chercher un
bon endroit pour que tu ne t'y

fasses pas trop de mal. » Et il m'emmena dans un pré immense dont l'herbe était épaisse. Il monta sur le *général Pépé*, menant Colette en main.

Pépé était un très-beau poulain, petit-fils du fatal Léopardo, et que, dans mon enthousiasme naissant pour la révolution italienne, j'avais gratifié du nom d'un homme héroïque qui a été mon ami par la suite des temps. Colette, que l'on appelait dans le principe mademoiselle Deschartres, était une *élève* de notre précepteur, et n'avait jamais été montée. Elle avait quatre ans et sortait du pacage. Elle paraissait si douce, que mon frère, après lui

avoir fait faire plusieurs fois le tour
du pré, jugea qu'elle se conduirait
bien et me jeta dessus.

Il y a un Dieu pour les fous et
pour les enfants. Colette et moi,
aussi novices l'une que l'autre,
avions toutes les chances possibles
pour nous contrarier et nous séparer violemment. Il n'en fut rien.
A partir de ce jour, nous devions
vivre et galoper quatorze ans de
compagnie. Elle devait gagner ses
Invalides et finir tranquillement ses
jours à mon service, sans qu'aucun
nuage ait jamais troublé notre bonne
intelligence.

Je ne sais pas si j'aurais eu peur

par réflexion, mais mon frère ne
m'en donna pas le temps. Il fouetta
vigoureusement Colette, qui débuta
par un galop frénétique, accompagné de gambades et de ruades les
plus folles mais les moins méchantes
du monde. « Tiens-toi bien, disait
mon frère. Accroche-toi aux crins
si tu veux, mais ne lâche pas la
bride et ne tombe pas. Tout est là,
tomber ou ne pas tomber! »

C'était le *to be or not to be*
d'Hamlet. Je mis toute mon attention et ma volonté à ne pas trop
quitter la selle. Cinq ou six fois, à
moitié désarçonnée, je me rattrapai
comme il plut à Dieu, et au bout
d'une heure, éreintée, échevelée et

surtout enivrée, j'avais acquis le
degré de confiance et de présence
d'esprit nécessaire à la suite de
mon éducation équestre.

Colette était un être supérieur
dans son espèce. Elle était maigre,
laide, grande, dégingandée au repos : mais elle avait une physionomie sauvage et des yeux d'une
beauté qui rachetait ses défauts de
conformation. En mouvement, elle
devenait belle d'ardeur, de grâce et
de souplesse. J'ai monté des chevaux magnifiques, admirablement
dressés : je n'ai jamais retrouvé
l'intelligence et l'adresse de ma ca-
vale rustique. Jamais elle ne m'a
fait un faux pas, jamais un écart,

et ne m'a jamais jetée par terre
que par la faute de ma distraction
ou de mon imprudence.

Comme elle devinait tout ce
qu'on désirait d'elle, il ne me fallut
pas huit jours pour savoir la gouverner. Son instinct et le mien
s'étaient rencontrés. Taquine et em-
portée avec les autres, elle se pliait
à ma domination de son plein gré,
à coup sûr. Au bout de huit jours,
nous sautions haies et fossés, nous
gravissions les pentes ardues, nous
traversions les eaux profondes; et
moi, l'*eau dormante* du couvent,
j'étais devenue quelque chose de
plus téméraire qu'un hussard et de
plus robuste qu'un paysan; car les

16.

enfants ne savent pas ce que c'est
que le danger, et les femmes se
soutiennent, par la volonté nerveuse,
au delà des forces viriles.

Ma grand'mère ne parut pas surprise d'une métamorphose qui m'é-
tonnait pourtant moi-même : car,
du jour au lendemain, je ne me re-
connaissais plus, tandis qu'elle disait
reconnaître en moi les contrastes de
langueur et d'enivrement qui avaient
marqué l'adolescence de mon père.

Il est étrange que, m'aimant
d'une manière si absolue et si
tendre, elle n'ait pas été effrayée
de me voir prendre le goût de ce
genre de danger. Ma mère n'a ja-

mais pu me voir à cheval sans cacher sa figure dans ses mains et sans s'écrier que je finirais comme mon père. Ma bonne maman répondait avec un triste sourire à ceux qui lui demandaient raison de sa tolérance à cet égard par cette anecdote bien connue, mais bien jolie, du marin et du citadin.

« Eh quoi, monsieur, votre père et votre grand-père ont péri sur mer dans les tempêtes, et vous êtes marin? A votre place, je n'aurais jamais voulu monter sur un navire!

— Et vous, monsieur, comment donc sont morts vos parents?

— Dans leurs lits, grâce au ciel!

— En ce cas, à votre place, je
ne me mettrais jamais au lit! »

Il m'arriva cependant un jour de
tomber juste à la place où s'était
tué mon père, et de m'y faire
même assez de mal. Ce ne fut
point Colette, mais le général Pépé
qui me joua ce mauvais tour. Ma
grand'mère n'en sut rien. Je ne
m'en vantai pas, et remontai à cheval de plus belle.

Mon frère retourna à son régiment. Le vieux chevalier de Lacoux,
qui était venu nous voir et qui me
faisait beaucoup travailler la harpe,
nous quitta aussi. Je restai seule à

Nohant, pendant tout l'hiver, avec
ma grand'mère et Deschartres.

Jusqu'à ce moment, malgré l'a-
gréable compagnie de ces divers
hôtes, j'avais lutté en vain contre
une profonde mélancolie. Je ne
pouvais pas toujours la dissimuler,
mais jamais je n'en voulus dire la
cause, pas même à Pauline ou à
mon frère, qui s'étonnaient de mes
abattements et de mes préoccupations. Cette cause, que je laissais
attribuer à une disposition maladive
ou à un vague ennui, était bien
claire en moi-même : je regrettais
le couvent. J'avais le mal du couvent comme on a le mal du pays.
Je ne pouvais pas m'ennuyer, ayant

une vie assez remplie; mais je
sentais tout me déplaire, quand je
comparais même mes meilleurs
moments aux placides et régulières
journées du cloître, aux amitiés sans
nuages, au bonheur sans secousse
que j'avais à jamais laissés derrière
moi. Mon âme, déjà lassée dès
l'enfance, avait soif de repos, et là
seulement j'avais goûté, après les
premières émotions de l'enthousiasme
religieux, presque une année de
quiétude absolue. J'y avais oublié
tout ce qui était le passé; j'y avais
rêvé l'avenir semblable au présent.
Mon cœur aussi s'était fait comme
une habitude d'aimer beaucoup de
personnes à la fois et de leur
communiquer ou de recevoir d'elles

un continuel aliment à la bienveillance et à l'enjouement.

Je l'ai dit, mais je le dirai encore
une fois, au moment d'enterrer ce
rêve de vie claustrale dans mes
lointains mais toujours tendres souvenirs : l'existence en commun avec
des êtres doucement aimables et
doucement aimés est l'idéal du bonheur. L'affection vit de préférences;
mais dans ce genre de société fraternelle, où une croyance quelconque
sert de lien, les préférences sont si
pures et si saines, qu'elles augmen-
tent les sources du cœur au lieu de
les épuiser. On est d'autant meilleur
et facilement généreux avec les amis
secondaires qu'on sent devoir leur

prodiguer l'obligeance et les bons
procédés, en dédommagement de
l'admiration enthousiaste qu'on réserve pour des êtres plus directe-
ment sympathiques. On a dit souvent qu'une belle passion élargissait
l'âme. Quelle plus belle passion que
celle de la fraternité évangélique?
Je m'étais sentie vivre de toute ma
vie dans ce milieu enchanté, je
m'étais sentie dépérir depuis, jour
par jour, heure par heure, et sans
bien me rendre toujours compte de
ce qui me manquait, tout en cherchant parfois à m'étourdir et à
m'amuser comme il convenait à
l'innocence de mon âge; j'éprouvais
dans la pensée un vide affreux, un
dégoût, une lassitude de toutes

choses et de toutes personnes autour de moi.

Ma grand'mère était seule excep-
tée; mon affection pour elle se dé-
veloppait extrêmement. J'arrivais à
la comprendre, à avoir le secret
de ses douces faiblesses maternelles,
à ne plus voir en elle le froid esprit fort que ma mère m'avait exagéré, mais bien la femme nerveuse
et délicatement susceptible qui ne
faisait souffrir que parce qu'elle
souffrait elle-même à force d'aimer.
Je voyais les contradictions singu-
lières qui existaient, qui avaient
toujours existé plus ou moins, entre
son esprit bien trempé et son caractère débile. Forcée de l'étudier,

et reconnaissant qu'il fallait le faire
pour lui épargner tous les petits
chagrins que je lui avais causés, je
débrouillais enfin cette énigme d'un
cerveau raisonnable aux prises avec
un cœur insensé. La femme supérieure, et elle l'était par son instruction, son jugement, sa droiture, son
courage dans les grandes choses,
redevenait femmelette et petite mar-
quise dans les mille petites douleurs
de la vie ordinaire. Ce fut d'abord
une déception pour moi que d'avoir
à mesurer ainsi un être que je
m'étais habituée à voir grand dans
la rigueur comme dans la bonté.
Mais la réflexion me ramena, et je
me mis à aimer les côtés faibles
de cette nature compliquée, dont

les défauts n'étaient que l'excès de qualités exquises. Un jour vint où nous changeâmes de rôle, et où je sentis pour elle une tendresse des entrailles qui ressemblait aux sollicitudes de la maternité.

C'était comme un pressentiment intérieur ou comme un avertissement du ciel, car le moment approchait où je ne devais plus trouver en elle qu'un pauvre enfant à soigner et à gouverner.

Hélas! il fut bien court, le temps arraché aux rigueurs de notre commune destinée, où, sortant moi-même des ténèbres de l'enfance, je pouvais enfin profiter de son in-

fluence morale et du bienfait intellectuel de son intimité. N'ayant plus
aucun sujet de jalousie à propos de
moi (Hippolyte aussi lui en avait
causé quelques derniers accès), elle
devenait adorable dans le tête-à-
tête. Elle savait tant de choses et
jugeait si bien, elle s'exprimait avec
une simplicité si élégante, il y avait
en elle tant de goût et d'éléva-
tion, que sa conversation était le
meilleur des livres.

Nous passâmes ensemble les dernières soirées de février, à lire une
partie du *Génie du christianisme* de
Châteaubriand. Elle n'aimait pas
cette forme et le fond lui paraissait faux; mais les nombreuses

citations de l'ouvrage lui suggéraient des jugements admirables sur les chefs-d'œuvre dont je lui lisais les fragments. Je m'étonnais qu'elle m'eût si peu permis de lire avec elle; je le lui disais, exprimant le charme que je goûtais dans de tels enseignements, lorsqu'elle me dit un soir : « Arrête-toi, ma fille. Ce que tu me lis est si étrange que j'ai peur d'être malade et d'entendre autre chose que ce que j'écoute. Pourquoi me parles-tu de morts, de linceul, de cloches, de tombeaux? Si tu composes tout cela, tu as tort de me mettre ainsi des idées noires dans l'esprit. »

Je m'arrêtai épouvantée : je venais

de lui lire une page fraîche et
riante, une description des savanes,
où rien de semblable à ce qu'elle
avait cru entendre ne se trouvait.
Elle se remit bien vite et me dit
en souriant : « Tiens, je crois que
j'ai dormi et rêvé pendant ta lecture. Je suis bien affaiblie. Je ne
peux plus lire, et je ne peux plus
écouter. J'ai peur de connaître
l'oisiveté et l'ennui à présent.
Donne-moi des cartes, et jouons
au grabuge; cela me distraira. »

Je m'empressai de faire sa partie,
et je réussis à l'égayer. Elle joua
avec l'attention et la lucidité ordi-
naires. Puis, rêvant un instant, elle
rassembla ses idées comme pour un

entretien suprême; car, à coup
sûr, elle sentait son âme s'échapper.
« Ce mariage ne te convenait pas
du tout, dit-elle, et je suis contente
de l'avoir rompu.

— Quel mariage? lui dis-je.

— Est-ce que je ne t'en ai pas
parlé? Eh bien, je t'en parle. C'est
un homme immensément riche,
mais cinquante ans et un grand
coup de sabre à travers la figure.
C'est un général de l'empire. Je ne
sais pas où il t'a vue, au parloir
de ton couvent peut-être. Te sou-
viens-tu de cela?

— Pas du tout.

— Enfin, il te connaît apparem-

XIII.   17

ment, et il te demande en mariage avec ou sans dot : mais conçoit-on que ces hommes de Bonaparte aient des préjugés comme nous autres? Il mettait pour première condition que tu ne reverrais jamais ta mère.

— Et vous avez refusé, n'est-ce pas, maman?

— Oui, me dit-elle; en voici la preuve. »

Elle me remit une lettre que j'ai encore sous les yeux, car je l'ai gardée comme un souvenir de cette triste soirée. Elle était de mon cousin René de Villeneuve et ainsi conçue :

« Je ne me console pas, chère grand'mère, de n'être pas auprès de vous pour insister sur la proposition faite pour Aurore. L'âge vous offusque; mais réellement la personne de cinquante ans a l'air presque aussi jeune que moi. Elle a beaucoup d'esprit, d'instruction, tout ce qu'il faut enfin pour assurer le bonheur d'un lien pareil; car on trouvera bien des jeunes gens, mais on ne peut être sûr de leur caractère, et l'avenir avec eux est fort incertain; au lieu que là, la position élevée, la fortune, la considération, tout se trouve. Je vous citerai plusieurs exemples à l'appui du raisonnement que je pourrais vous faire. Le duc de C***, qui a

17.

soixante-cinq ans, a épousé, il y a
deux ans, mademoiselle de la G***,
qui en avait seize. Elle est la plus
heureuse des femmes, se conduisant
à merveille, bien que lancée dans
le grand monde et entourée d'hom-
mages, car elle est belle comme un
ange[1]. Elle a reçu une excellente
éducation et de bons principes.
Tout est là. Venez donc sans faute
à Paris au commencement de mars.
Je vous somme de faire ce voyage

[1] J'ai connu dans la suite la belle et véritablement angélique personne dont il est question. Elle
avait épousé M. de R*** en secondes noces. Elle
m'a raconté toute l'histoire de son union avec le
duc de C***. Ah! mon bon cousin René, si
vous l'aviez entendue décrire *ce parfait bonheur*
de sa première union!

dans l'intérêt de notre chère enfant, etc. »

« Eh bien, maman, m'écriai-je effrayée, est-ce que nous allons à Paris?

— Oui, mon enfant, nous irons
dans huit jours. Mais, rassure-toi, je
ne veux pas entendre parler de ce
mariage. Ce n'est pas tant l'âge qui
m'offusque que la condition dont je
t'ai parlé. J'ai été si heureuse avec
mon vieux mari, que je n'ai pas
trop peur pour toi d'un homme de
cinquante ans; mais je sais que tu
ne souscrirais pas.... Ne dis rien;
je te connais, à présent, et je regrette de n'avoir pas toujours aussi
bien jugé ta situation que je le fais

à cette heure. Tu aimes ta mère
par devoir et par religion, comme
tu l'aimais par habitude et par instinct dans ton enfance. J'ai cru
devoir te mettre en garde contre
trop de confiance et d'entraînement.
J'ai peut-être eu tort de le faire
dans un moment de douleur et d'irritation. J'ai bien vu que je te bri-
sais. Il me semblait, dans ce moment-là, que c'était de moi que tu
devais apprendre la vérité et qu'elle
te serait plus insupportable de la
part de tout autre. Si tu penses que
j'aie exagéré quelque chose, ou que
j'aie jugé trop durement ta mère,
oublie-le, et sache que, malgré tout
le mal qu'elle m'a fait, je rends
justice à ses qualités et à sa con-

duite depuis la mort de ton pauvre
père. D'ailleurs, fût-elle, comme je
me le suis imaginé parfois, la dernière des femmes, je comprends ce
que tu lui dois d'égards et de fidélité de cœur. Elle est ta mère !
tout est là ! Oui, je le sais. J'ai
craint de te voir trop aveuglée, ensuite j'ai craint de te voir devenir
trop dévote. Je suis tranquille sur
ton compte à présent. Je te vois
pieuse, tolérante et conservant les
goûts de l'intelligence. Je regrette
presque de ne pas croire à tout ce
que tu pratiques; car je vois que tu
y puises une force qui n'est pas
dans ta nature et qui m'a frappée
quelquefois comme au-dessus de ton
âge. Ainsi, pendant que tu étais au

couvent, enfermée toute l'année,
sans vacances, privée de sortir pendant neuf ou dix mois que je passais ici, tu m'as écrit à différentes
reprises pour me conjurer de ne
pas te permettre de sortir avec les
Villeneuve ou avec madame de
Pontcarré. J'en ai été affligée et jalouse d'abord, mais j'en ai été touchée aussi, et maintenant je sens
que si je te proposais de rompre
avec ta mère pour faire un grand
mariage, je révolterais ton cœur et
ta conscience. Sois donc tranquille,
et va te coucher. Il ne sera jamais
question de rien de pareil. »

J'embrassai ardemment ma chère
grand'mère, et, la voyant parfaite-

ment calme et lucide, je me retirai
dans ma chambre, la laissant aux
soins accoutumés de ses deux femmes,
qui la mirent au lit à minuit, après
les deux heures de toilette et de
tranquille flânerie dont elle avait
l'habitude.

C'était, comme je l'ai déjà dit, tout
un étrange petit cérémonial que le
coucher de ma grand'mère : des
camisoles de satin piqué, des bon-
nets à dentelles, des cocardes de rubans, des parfums, des bagues particulières pour la nuit, une certaine
tabatière, enfin tout un édifice d'o-
reillers splendides, car elle dormait
assise, et il fallait l'arranger de
manière qu'elle se réveillât sans

avoir fait un mouvement. On eût
dit que chaque soir elle se prépa-
rait à une réception d'apparat, et
cela avait quelque chose de bizarre
et de solennel où elle avait l'air de
se complaire.

J'aurais dû me dire que l'espèce
d'hallucination auditive qu'elle avait
eue en écoutant ma lecture, et la
clarté subite de ses idées, même le
retour sur elle-même qu'elle avait
voulu faire en me parlant de ma
mère, indiquaient une situation morale et physique inusitée. Revenir
sur ses propres arrêts, s'attribuer
un tort, demander, pour ainsi dire,
pardon d'une erreur de jugement,
cela était bien contraire à ses habi-

tudes. Ses actions démentaient con-
tinuellement ses paroles, mais elle
n'en convenait pas et maintenait volontiers son dire. En y réfléchissant,
j'eus une vague inquiétude, et je
redescendis chez elle vers minuit,
comme pour reprendre mon livre
oublié. Elle était déjà couchée et
enfermée, s'étant sentie assoupie un
peu plus tôt que de coutume. Ses
femmes n'avaient rien trouvé d'ex-
traordinaire en elle, et je remontai
fort tranquille.

Depuis trois ou quatre mois, je
dormais fort peu. Je n'avais point
passé une semaine dans la véritable
intimité de ma grand'mère sans
m'aviser du peu d'instruction que

j'avais acquise au couvent, et sans
reconnaître avec le sincère Deschartres que j'étais, selon son expression favorite, d'une *ignorance
crasse*. Le désir de ne pas impa-
tienter la bonne maman, qui me
reprochait bien un peu vivement
quelquefois de lui avoir fait dé-
penser trois années de couvent pour
ne rien apprendre, me poussa, plus
que la curiosité ou l'amour-propre,
à vouloir m'instruire un peu. Je
souffrais de lui entendre dire que
l'éducation religieuse était abrutis-
sante, et j'apprenais un peu en cachette, afin de lui en laisser attribuer l'honneur à mes religieuses.

J'entreprenais là une chose impos-

sible. Quiconque manque de mémoire ne peut jamais être instruit
réellement, et j'en étais compléte-
ment dépourvue. Je me donnais un
mal inouï pour mettre de l'ordre
dans mes petites notions d'histoire.
Je n'avais pas même la mémoire
des mots, et déjà j'oubliais l'anglais,
qui naguère m'avait été aussi fami-
lier que ma propre langue. Je m'é-
vertuais donc à lire et à écrire,
depuis dix heures du soir jusqu'à
deux ou trois du matin. Je dormais
quatre ou cinq heures. Je montais
à cheval avant le réveil de ma
grand'mère. Je déjeunais avec elle,
je lui faisais de la musique et ne
la quittais presque plus de la journée; car, insensiblement, elle s'était

habituée à vivre moins avec Julie,
et j'avais pris sur moi de lui lire
les journaux ou de rester à dessiner dans sa chambre pendant que
Deschartres les lui lisait. Cela m'é-
tait particulièrement odieux. Je ne
saurais dire pourquoi cette chroni-
que journalière du monde réel m'at-
tristait profondément. Elle me sortait de mes rêves, et je crois que
la jeunesse ne vit pas d'autre chose
que de la contemplation du passé,
ou de l'attente de l'inconnu.

Je me souviens que cette nuit-là
fut extraordinairement belle et
douce. Il faisait un clair de lune
voilé par ces petits nuages blancs
que Châteaubriand comparait à des

flocons de ouate. Je ne travaillai
point, je laissai ma fenêtre ouverte
et jouai de la harpe en déchiffrant
la *Nina* de Paesiello. Puis je sentis
le froid et me couchai en rêvant à
la douceur et à la bonté de l'épan-
chement de ma grand'mère avec
moi. En donnant enfin la sécurité
à mon sentiment filial, et en dé-
tournant de moi l'effroi d'une lutte
qui avait pesé sur toute ma vie,
elle me faisait respirer pour la première fois. Je pouvais enfin réunir
et confondre mes deux mères ri-
vales dans le même amour. A ce
moment-là, je sentis que je les aimais également et me flattai de leur
faire accepter cette idée. Puis je
pensai au mariage, à l'homme de

cinquante ans, au prochain voyage
de Paris, au monde où l'on mena-
çait de me produire. Je ne fus effrayée de rien. Pour la première
fois j'étais optimiste. Je venais de
remporter une victoire qui me
paraissait décisive sur le grand obstacle de l'avenir. Je me persuadai
que j'avais acquis sur ma grand'-
mère un ascendant de tendresse et
de persuasion qui me permettrait
d'échapper à ses sollicitudes pour
mon établissement, que peu à peu
elle verrait par mes yeux, me lais-
serait vivre libre et heureuse à ses
côtés, et qu'après lui avoir consa-
cré ma jeunesse, je pourrais lui
fermer les yeux sans qu'elle exigeât
de moi la promesse de renoncer

au cloître. « Tout est bien ainsi, pensai-je. Il est fort inutile de la tourmenter de mes secrets desseins. Dieu les protégera. » Je savais qu'Élisa était sortie du couvent, qu'on la menait dans le monde, qu'elle se résignait à aller au bal, et que rien n'ébranlait sa résolution. Elle m'écrivait qu'elle acceptait l'épreuve à laquelle ses parents avaient voulu la soumettre, qu'elle se sentait chaque jour plus forte dans sa vocation, et que nous nous retrouverions peut-être à Cork sous le voile, si ma qualité de Française m'excluait de la communauté des Anglaises de Paris.

Je m'endormis donc dans une si-

tuation d'esprit que je n'avais pas
connue depuis longtemps; mais à
sept heures du matin Deschartres
entra dans ma chambre, et, en
ouvrant les yeux, je vis un malheur dans les siens. « Votre grand'-
mère est perdue, je le crains, me
dit-il. Elle a voulu se lever cette
nuit. Elle a été prise d'une attaque
d'apoplexie et de paralysie. Elle est
tombée et n'a pu se relever. Julie
vient de la trouver par terre froide,
immobile, sans connaissance. Elle
est couchée, réchauffée et un peu
ranimée; mais elle ne se rend
compte de rien et ne peut faire
aucun mouvement. J'ai envoyé chercher le docteur Decerfz. Je vais la
saigner. Venez vite à mon aide. »

Nous passâmes la journée à la soigner. Elle recouvra ses esprits, se rappela être tombée, se plaignit seulement des contusions qu'elle s'était faites, s'aperçut qu'elle avait tout un côté *mort* depuis l'épaule jusqu'au talon, mais n'attribua cet engourdissement qu'à la courbature de la chute. La saignée lui rendit cependant un peu d'aisance dans les mouvements qu'on l'aidait à faire, et vers le soir il y eut un mieux si sensible, que je me rassurai et que le docteur partit en me tranquillisant; mais Deschartres ne se flattait pas. Elle me demanda de lui lire son journal après dîner et parut l'entendre. Puis elle demanda des cartes et ne put les tenir dans

18.

sa main. Alors elle commença à
divaguer et à se plaindre de ce
que nous ne voulions pas la sou-
lager en lui faisant une application
de la dame de pique sur le bras.
Effrayée, je dis tout bas à Deschartres : « C'est le délire? — Hélas,
non! me répondit-il; elle n'a pas
de fièvre, c'est l'*enfance!* »

Cet arrêt tomba sur moi pire
que l'annonce de la mort. J'en fus
si bouleversée que je sortis de la
chambre et m'enfuis dans le jardin, où je tombai à genoux dans
un coin, voulant prier et ne pouvant pas. Il faisait un temps d'une
beauté et d'une tranquillité inso-
lentes. Je crois que j'étais en en-

fance moi-même dans ce moment-
là, car je m'étonnais machinalement
que tout semblât sourire autour de
moi pendant que j'avais la mort
dans l'âme. Je rentrai vite. « Du
courage! me dit Deschartres, qui
devenait bon et tendre dans la
douleur. Il ne faut pas que vous
soyez malade; elle a besoin de
nous! »

Elle passa la nuit à divaguer
doucement. Au jour, elle s'endor-
mit profondément jusqu'au soir. Ce
sommeil apoplectique était un nouveau danger à combattre. Le docteur et Deschartres l'en tirèrent
avec succès; mais elle s'éveilla

aveugle. Le lendemain elle voyait,
mais les objets placés à droite lui
paraissaient transportés à gauche.
Un autre jour elle bégaya et perdit
la mémoire des mots. Enfin après
une série de phénomènes étranges
et de crises imprévues, elle entra
en convalescence. Sa vie était mo-
mentanément sauvée. Elle avait des
heures lucides. Elle souffrait peu,
mais elle était paralytique, et son
cerveau affaibli et brisé entrait véritablement dans la phase de l'enfance signalée par Deschartres. Elle
n'avait plus de volonté, mais des
velléités continuelles et impossibles
à satisfaire. Elle ne connaissait plus
ni la réflexion ni le courage. Elle
voyait mal, n'entendait presque

plus. Enfin sa belle intelligence, sa belle âme étaient mortes.

Il y eut beaucoup de phases différentes dans l'état de ma pauvre malade. Au printemps elle fut mieux. Durant l'été nous crûmes un instant à une guérison radicale, car elle retrouva de l'esprit, de la gaieté et une sorte de mémoire relative. Elle passait la moitié de sa journée sur son fauteuil. Elle se traînait, appuyée sur nos bras, jusque dans la salle à manger, où elle mangeait avec appétit. Elle s'asseyait dans le jardin au soleil; elle écoutait encore quelquefois son journal et s'occupait même de ses affaires et de son testament avec

sollicitude pour tous les siens. Mais
à l'entrée de l'automne, elle retomba
dans une torpeur constante et finit
sans souffrance et sans conscience
de sa fin, dans un sommeil léthar-
gique, le 25 décembre 1821.

J'ai beaucoup vécu, beaucoup
pensé, beaucoup changé dans ces
dix mois, pendant lesquels ma
grand'mère ne recouvra, dans ses
meilleurs moments, qu'une demi-
existence. Aussi raconterai-je comment la mienne pivota autour du
lit de la pauvre moribonde, sans
vouloir trop attrister mes lecteurs
des détails douloureux d'une lente
et inévitable destruction.

CHAPITRE DIX-SEPTIÈME.

Tristesses, promenades et rêveries.

Si ma destinée m'eût fait passer immédiatement de la domination de ma grand'mère à celle d'un mari ou à celle du couvent, il est possible que, soumise toujours à des influences acceptées, je n'eusse jamais été moi-même. Il n'y a guère

d'initiative dans une nature endormie comme la mienne, et la dévotion sans examen, qui allait si bien
à ma langueur d'esprit, m'eût in-
terdit de demander à ma raison la
sanction de ma foi. Les petits efforts, insensibles en apparence, mais
continuels, de ma grand'mère pour
m'ouvrir les yeux ne produisaient
qu'une sorte de réaction intérieure.
Un mari voltairien comme elle eût
fait pis encore. Ce n'était pas par
l'*esprit* que je pouvais être modifiée;
n'ayant pas d'esprit du tout, j'étais
insensible à la raillerie, que, d'ailleurs, je ne comprenais pas toujours.

Mais il était décidé par le sort

que dès l'âge de dix-sept ans il y aurait pour moi un temps d'arrêt dans les influences extérieures, et que je m'appartiendrais entièrement pendant près d'une année, pour devenir, en bien ou en mal, ce que je devais être à peu près tout le reste de ma vie.

Il est rare qu'un enfant de famille, un enfant de mon sexe surtout, se trouve abandonné si jeune à sa propre gouverne. Ma grand'-mère paralysée n'eut plus, même dans ses moments les plus lucides, la moindre pensée de direction morale ou intellectuelle à mon égard. Toujours tendre et caressante, elle s'inquiétait encore quelquefois de ma

santé; mais toute autre préoccupa-
tion, même celle de mon mariage,
qu'elle ne pouvait plus traiter par
lettres, sembla écartée de son souvenir.

Ma mère ne vint pas, malgré ma
prière, disant que l'état de ma
grand'mère pouvait se prolonger in-
définiment, et qu'elle ne devait pas
quitter Caroline. Je dus me rendre
à cette bonne raison et accepter la
solitude.

Deschartres, abattu d'abord, puis
résigné, sembla changer entièrement
de caractère avec moi. Il me remit,
bon gré, mal gré, tous ses pou-
voirs, exigea que je tinsse la comp-

tabilité de la maison, que tous les ordres vinssent de moi, et me traita comme une personne mûre, capable de diriger les autres et soi-même.

C'était beaucoup présumer de ma capacité, et cependant bien lui en prit, comme on le verra par la suite.

Je n'eus pas de grandes peines à me donner pour maintenir l'ordre établi dans la maison. Tous les domestiques étaient fidèles. Comme fermier, Deschartres continuait à diriger les travaux de la campagne, auxquels il m'eût été impossible de rien entendre, malgré tous ses ef-

forts antérieurs pour m'y faire prendre goût. J'étais né amateur, et rien
de plus.

Ce pauvre Deschartres, voyant
que l'état de ma grand'mère, en
me privant de mon unique et de
ma plus douce société intellectuelle,
me jetait dans un ennui et dans un
découragement profonds, que je
maigrissais à vue d'œil, et que ma
santé s'altérait sensiblement, fit tout
son possible pour me distraire et
me secouer. Il me donna Colette
en toute propriété, et même, pour
me rendre le goût de l'équitation,
que je perdais avec mon activité,
il m'amena toutes les pouliches et
tous les poulains de ses domaines,

me priant, après les avoir essayés, de m'en servir pour varier mes plaisirs. Ces essais lui coûtèrent plus d'une chute sur le pré, et il fut forcé de convenir que, sans rien savoir, j'étais plus solide que lui, qui se piquait de théorie. Il était si roide et si compassé à cheval, qu'il s'y fatiguait vite, et j'allais trop vite aussi pour lui. Il me donna donc pour écuyer, ou plutôt pour *page*, le petit André, qui était solide comme un singe attaché à un poney; et, me suppliant de ne point passer un jour sans promenade, il nous laissa courir les champs de compagnie.

Revenant toujours à Colette, à

l'adresse et à l'esprit de laquelle
rien ne pouvait être comparé, je
pris donc l'habitude de faire tous
les matins huit ou dix lieues en
quatre heures, m'arrêtant quelquefois dans une ferme pour prendre
une jatte de lait, marchant à l'aventure, explorant le pays au hasard,
passant partout, même dans les
endroits réputés impossibles, et me
laissant aller à des rêveries sans fin,
qu'André, très-bien stylé par Deschartres, ne se permettait pas d'in-
terrompre par la moindre réflexion.
Il ne retrouvait son esprit naturel
que lorsque je m'arrêtais pour manger, parce que j'exigeais qu'il s'assît
alors, comme par le passé, à la
même table que moi chez les pay-

sans; et là, résumant les impressions
de la promenade, il m'égayait de ses
remarques naïves et de son parler
berrichon. A peine remis en selle,
il redevenait muet, consigne que je
n'aurais pas songé à lui imposer,
mais que je trouvais fort agréable,
car cette rêverie au galop, ou cet
oubli de toutes choses que le spectacle de la nature nous procure,
pendant que le cheval au pas, abandonné à lui-même, s'arrête pour
brouter les buissons sans qu'on s'en
aperçoive; cette succession lente ou
rapide de paysages, tantôt mornes,
tantôt délicieux; cette absence de
but, ce laisser passer du temps qui
s'envole; ces rencontres pittoresques
de troupeaux ou d'oiseaux voyageurs;

le doux bruit de l'eau qui clapote
sous les pieds des chevaux; tout ce
qui est repos ou mouvement, spectacle des yeux ou sommeil de l'âme
dans la promenade solitaire, s'em-
parait de moi et suspendait abso-
lument le cours de mes réflexions
et le souvenir de mes tristesses.

Je devins donc tout à fait poëte,
et poëte exclusivement par les goûts
et le caractère, sans m'en apercevoir
et sans le savoir. Où je ne cherchais
qu'un délassement tout physique, je
trouvai une intarissable source de
jouissances morales que j'aurais été
bien embarrassée de définir, mais
qui me ranimait et me renouvelait
chaque jour davantage.

Si l'inquiétude ne m'eût ramenée auprès de ma pauvre malade, je me serais oubliée, je crois, des jours entiers dans ces courses; mais comme je sortais de grand matin, presque toujours à la première aube, aussitôt que le soleil commençait à me frapper sur la tête, je reprenais au galop le chemin de la maison. Je m'apercevais souvent alors que le pauvre André était accablé de fatigue; je m'en étonnais toujours, car je n'ai jamais vu la fin de mes forces à cheval, où je crois que les femmes, par leur position en selle et la souplesse de leurs membres, peuvent, en effet, tenir beaucoup plus longtemps que les hommes.

Je cédais cependant quelquefois
Colette à mon petit page, afin de
le reposer, par la douceur de son
allure, et je montais ou la vieille
jument normande qui avait sauvé
la vie à mon père dans plus d'une
bataille par son intelligence et la
fidélité de ses mouvements, ou le
terrible général Pépé, qui avait des
coups de reins formidables; mais je
n'en étais pas plus lasse au retour,
et je rentrais beaucoup plus éveillée
et active que je n'étais partie.

C'est grâce à ce mouvement sa-
lutaire que je sentis tout à coup
ma résolution de m'instruire cesser
d'être un devoir pénible et devenir
un attrait tout-puissant par lui-

même. D'abord, sous le coup du chagrin et de l'inquiétude, j'avais essayé de tromper les longues heures que je passais auprès de ma malade, en lisant des romans de Florian, de madame de Genlis et de Van der Welde. Ces derniers me parurent charmants; mais ces lectures, entrecoupées par les soins et les anxiétés que m'imposait ma situation de garde-malade, ne laissèrent presque rien dans mon esprit, et, à mesure que la crainte de la mort s'éloignait pour faire place en moi à une mélancolique et tendre habitude de soins quasi maternels, je revins à des lectures plus sérieuses, qui bientôt m'attachèrent passionnément.

FIN DU TOME TREIZIÈME.

TABLE

DU TOME TREIZIÉME.

TROISIÈME PARTIE.
(*SUITE.*)

CHAPITRE QUATORZIÈME.
(Suite.)

Opinion d'Anna, de Fannelly et de Louise. — Retour et plaisanteries de Mary. — Confession générale. — L'abbé de Prémord. — Le jésuitisme et le mysticisme. — Communion et ravissement. — Le dernier bonnet de nuit. — Sœur Hélène.

www.ingramcontent.com/pod-product-compliance
Lightning Source LLC
Chambersburg PA
CBHW072121020726
47501CB00003B/927